JN229062

実は老化を加速！

女医が教える、やってはいけない美容法33

慶田朋子
医学博士
銀座ケイスキンクリニック院長

はじめに

人生１００年時代となりました。30代でもう若くないと感じ、40代で体力や見た目の劣化と向き合うことになって、そこから今までの倍以上生きる可能性が高いのです。年を重ねても元気に美しく生きることは、誰にとっても無関係ではなくなりました。

特に素肌の美しさは内面の自信につながり、年を重ねるほどにその重要性は高まります。顔の造形は変えられなくても、肌や顔つき、表情は自分次第で変えることができます。これからの時代の女性には、肌を不用意に衰えさせることなく、いつまでも魅力たっぷりに輝いてほしいと思います。

そのためにはお手入れの正しい知識が重要になりますが、インターネットはもちろんメディアの記事にさえも、間違ったお手入れや無意味な美容習慣がさも真実かのように書かれているのをよく目にします。多忙な中、時間も費用も捻出して勤《いそ》しむ美容法に意味がないとしたら、これほどもったいないことはありません。きれいになりたいすべての女性に、本当に正しくて意味のあるお手入れを知ってほしいと思い、本書を作りました。目次を開いて気になったところから、ぜひお読みいただけたら幸いです。

CONTENTS

第2章 やってはいけない美容習慣

COLUMN

第1章

やってはいけないスキンケア

クレンジング料、洗顔料、化粧水、乳液、クリーム。

スキンケア化粧品って、昔はこの程度のごくシンプルなアイテムしかありませんでした。今は国内外のメーカーから、アイクリーム、パック、ブースター（導入美容液）、オイルなど、たくさんの化粧品が発売されています。

美白や保湿、毛穴ケアなど肌へのアプローチも多様に。

さらに、インターネットを通して個人がSNSに独自の化粧品選びや使い方を発信する時代です。

そういったことに影響されて、スキンケアが複雑化したり、

人が「いい」といったお手入れをやみくもに
取り入れたりしていませんか？　口コミというのは、
ときに根拠がなく、かつ影響力が大きいものです。
たとえば化粧水パッティングや
洗顔ブラシなどいかにも肌によさそうでも、
皮膚科学的には「やってはいけない」美容法が
たくさんあります（詳しくは中ページに）。
第1章ではスキンケアを中心に、メイクに至るまで、
美肌ケアの真実をお話しします。

やってはいけない

01 クレンジングマッサージできめ崩壊

クレンジングに時間をかけると、肌の潤いが奪われる

「クレンジングでマッサージしながら毛穴の汚れを溶かし出す」「クレンジングしながらリフトアップマッサージ」。そんなキャッチコピーを見ると、だから肌あれや乾燥肌の女性が増えるんだなと、妙に納得してしまいます。

クレンジング料はメイクを落とすために欠かせないものですが、肌にしっか

毛穴を
小さく!!
血流よくして
小顔に!
リフト
アップ!
あと
1分!!
ぐりぐりぐり

り密着した頑固なメイクも落とすだけの〝除去力〟をもっていて、**落とすと同時に肌に必要な潤いも奪ってしまうという、実は要注意アイテムでもあるのです。**メイクを浮かせて肌から離すのは、クレンジング料に含まれる「油分」と**「界面活性剤《かいめんかっせいざい》」**の力。油分が特に肌に悪さをすることはありませんが、問題なのは界面活性剤の方。落ちにくい油性の汚れに吸着し、水で洗い流しやすくする作用をもつこの成分は、汚れだけでなく、肌に存在する大切な**〝潤いのもと〟＝保湿因子を一緒に溶かし出してしまう**のです。

　クレンジングを短時間でさっと終わらせるなら、保湿因子が流出する被害も少量ですみます。でも、長々とマッサージしていたら……。そのぶん、保湿因子が溶け出す量も増え、肌は水分を抱え込めなくなって、潤いがあってこそふっくらする**〝きめ〟もペタンコに。**透明感やふっくら感が失われてしまいます。

クレンジング料は、顔にのせてから1分以内にすすぐ

だから、クレンジング料はメイクを落とすという目的だけに絞って使うことが大切です。意識したいのは、肌にのせている秒数。長時間マッサージがNGとはいえ、時間が短すぎても毛穴に汚れが残る可能性があります。クレンジングクリームやオイルの場合、**顔全体に広げるのに10〜15秒、その後40秒ほどなじませて。**メイクとなじむとオイルに変わるジェルタイプなら、顔全体がオイル状になるまで。その後、少量のぬるま湯を加えて乳化させてから、すすぎます。肌にのせてから1分以内にすすぐようにしましょう。クレンジング中の指使いも大切で、**肌が動くほどにゴシゴシこするのは、保湿因子を流出させる原因**となります。肌表面をそっとなでるように、優しくなじませて。

〝潤いのもと〟は、肌表面の細胞の隙間にある

最後に、みずみずしい潤いやふっくらしたきめを保っている、肌の構造についてご説明しましょう。

肌は大きく分けると、外界との境界となって肌を守る「表皮《ひょうひ》」、ハリや弾力を保つ「真皮《しんぴ》」、その下にある「皮下組織」という3層

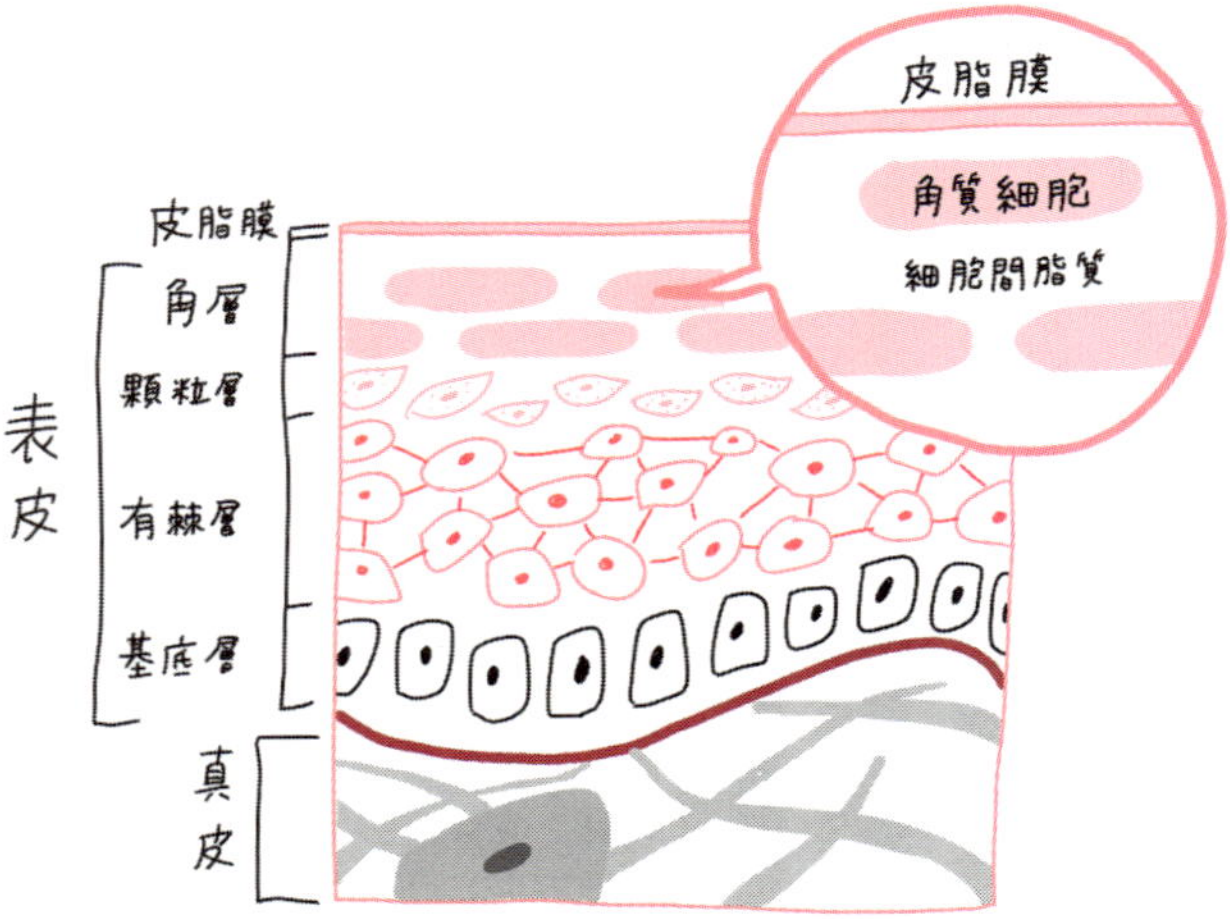

肌の潤いを保つ要素は3つ。ひとつは肌表面を覆う皮脂膜、もうひとつは表皮上部の角質細胞の中にある「NMF（天然保湿因子）」という水性の保湿因子。そして最も重要なのが、角質細胞の隙間を埋め、水分の蒸発を防ぐ「細胞間脂質」です。

になっています。**表皮の最も外側にあるのが「角層」で、角質細胞が並び、その隙間を細胞間脂質が埋めています。**細胞間脂質には「セラミド」や「コレステロール」などがあり、その量が十分であれば、水分を抱え込んできめがふっくらした状態を保つことができますが、不足すると肌の水分量が低下し、きめがつぶれてしまうのです。大切な**〝潤いのもと〟を間違ったお手入れで失ってしまうことがないよう、**注意しましょう。

これが正解

長時間のクレンジングは乾燥肌を招きます。
肌にのせて１分以内を目安に、手早く。

やってはいけない

02

大容量シートマスクで肌あれに

毎日頑張って貼っても意味なし。それどころか……

顔形のシートに美容液や化粧水がたっぷり含まれた、女子が大好きなシートマスク。みずみずしくひんやりした感触は確かに気持ちがいいもので、夜使えば1日の疲れが取れるような癒やしになるし、朝使えば毛穴がきゅっと引き締まるような感覚も。最近は個包装だけでなく、毎日使うことを提案する大容量タイプも増えました。でも、**大容量シートマスクをいくら毎日使ったところで、残念ながら根本的な保湿ケアにはなりません。**むしろ、使い方によっては肌あれを助長することにもなるのです。

大容量シートマスクは、防腐剤がネック

シートマスクに含まれる液には、水はもちろん保湿成分や植物エキスが含まれていると表示されています。要は栄養たっぷりなわけですが、それなのに、大容量タイプが開封して何日経《た》ってもカビが生えないのは、なぜでしょう？

答えは、**防腐剤が使用されているから**です。もちろん、ほとんどのスキンケア化粧品には基本的に防腐剤が使われていますが、大容量マスクは細菌いっぱいの素手でマスクを取って使うことを想定し、より強い防腐剤が使われていると

いえるでしょう。その液を肌に浸透させることになるので、**肌に刺激を与えたり、バリア機能を壊したりする可能性もあります。**

中には防腐剤不使用をうたう大容量マスクもありますが、防腐効果のある代替の成分を使用しており、それが肌に優しいかどうかは定かではありません。

シートを長時間貼ることが、バリア機能の低下を招く

それでは個包装のタイプならいいかというと、確かに防腐剤の量は減りますが、肌にとって必ずしも必要なお手入れとはいえません。

肌にとっての保湿とは、セラミドやアミノ酸などの保湿因子を与えたり、クリームなどで覆って潤いの蒸発を防いだりすること。シートマスクで与えるのは主に水分なので、先に書いた通り、根本的な保湿ケアにはならないのです。

good morning
ふぁ
ハミガキ
イッヒヒヒ
大容量
ローション パック

しかも、**肌はぬれると潤いが流れ出し、バリア機能が低下**してしまうという性質をもっています。シートマスクを貼っている時間は5〜15分程度。その間に表面からは水分が蒸発していくので、**貼っている時間が長いほど、かえって乾燥を招く一因にもなります**。化粧水をコットンに含ませて顔に貼るローションパックにも、同じことがいえます。

肌が健康なときの即効美肌アイテムとして使うのが正解

とはいえ、シートマスクを完全に否定するわけではありません。

個包装タイプできちんと保湿成分が含まれたシートマスクに限られますが、**ここぞという日の朝に使えば、透明感を高め、メイクのノリをよくしてくれます**。肌に集中的に潤いを与えて柔軟にする効果があるからです。ただし週に1

〜2回、それも肌のバリア機能が整った調子がいいときだけにしましょう。私も、撮影や収録のある仕事の前には使っています。

これが正解

防腐剤たっぷりの大容量シートマスクは避け、個包装のものを、ここぞという日の朝だけに。

やってはいけない

03

剥がすパックでますます毛穴詰まり

角栓を無理やり剥がし取ることで生まれる悪循環

Tゾーンやあごにできる、毛穴のプツプツとした**「角栓」は、皮脂と古い角質や汚れが混ざったもの**です。最初のうちは柔らかいのですが、時間が経つと硬く取れにくくなり、毛穴を押し広げるのがやっかい。皮脂なので酸素に触れて酸化すると黒ずんできます。

肌にシートを貼ってピッと剥がすパック、または固まる剤を塗って剥がすパックは、いうまでもなく、この角栓を引っこ抜くためのもの。剥がしたパックには角栓がびっしりつき、肌には角栓が取れた毛穴にぽこぽこと穴が空いて、まるで大掃除をしたような爽快感が得られるのでしょうか、ヤミツキになってしまう方も多いようです。

でも、実はこの**剥がすパックによって、角栓はますますできやすくなってしまう**のです。

無理やり角層を剥がされた肌は、急いでまた作ろうとする

パックを貼って剥がすという行為は、肌に大きな刺激と負担を与えます。**剥がすと同時に、表面の角層を無理やり剥ぎ取ってしまう**のです。こういったパ

ックをお使いになる方におそらく敏感肌は少ないので、特に見た目上のトラブルは起こらないかもしれません。でも無理やり角層を剥がされた肌、そして毛穴の中では、肌の自然な反応として、**大急ぎで代わりとなる角質細胞を新たに作ろうとします**。そして再び皮脂や汚れと混ざり、あっという間に毛穴を詰まらせるのです。そして急いで作られた角質細胞は、保湿因子の不足した、質の悪いもの。皮膚科医として、剥がす毛穴パックはできるだけ使わないでほしいアイテムのひとつです。

剥がすパック以外に、角栓を取り去るおすすめの方法

毛穴パックの代わりに、肌にできるだけ負担をかけず角栓を取り去る方法をお教えしましょう。まずは、**パウダータイプの酵素洗顔料**。たんぱく質や皮脂を分解する酵素が配合され、洗

顔しながら肌表面の不要な角質を薄く取り去ってくれるアイテムです。このとき毛穴から出た角栓の表面部分も落としてくれるので、使い続けることで徐々に角栓が小さく、目立たなくなり、新たな角栓が蓄積して硬くなるのも防ぎます。**基本的には毎日使っても問題のないアイテム**ですが、製品の説明書を読み、肌質とも相談して使いましょう。

オイリー肌や普通肌の方なら、クレンジングオイルを使うのもおすすめです。顔全体になじませた後、角栓が気になる部分だけ優しくくるくると短時間マッサージして、少量のぬるま湯で乳化させてからすすぎます。その後、洗顔を。ただし、クレンジングオイルには界面活性剤が入っていて肌の潤いを奪うので、**角栓がぽろぽろ落ちるまで長時間マッサージするのは絶対にNG**。1か所につき10秒程度が目安です。

酵素洗顔やクレンジングオイルの後、角栓がぴょんと飛び出している場合は、肌が湿っていて柔らかいうちに清潔な指先で軽く押すと、取れることもあります。強い力や爪を使ったり、取れないものを無理やり押し出したりすると肌に傷がつくので注意して。優しく慎重に行いましょう。

これが正解

角栓は、引っこ抜くべからず。酵素洗顔やクレンジングオイルで優しく取り去って。

やってはいけない

04 スクラブ洗顔で乾燥肌が悪化

ゴワつきや毛穴詰まりは解消されないばかりか、乾燥肌に

日本女子は清潔好き、毛穴に何かが詰まっているのを許せない人が多いようですね。肌のゴワつきや毛穴詰まりを解消するアイテムとしてスクラブ洗顔料も人気がありますが、**皮膚科医的にはできる限り避けてほしいアイテム。**ゴワつきや毛穴詰まりを悪化させるばかりか、**乾燥肌や肌あれの原因にもなります。**

肌表面図
スクラブ粒子
カサカサ肌
ぐり
ぐり
SCRUB
FACEWASH

スクラブで肌に細かな傷がつき、潤いが流れ出す

スクラブ洗顔料には、粒々の細かなスクラブが入っていて、それが肌表面の古い角質を磨き落とします。洗い上がりの肌には、**粒子による摩擦の負担で細かな傷がついています。**肌は外部からの物理的な刺激に対して、角層をさらに厚くすることで守ろうとするので、剥がす毛穴パックによる刺激（Ｐ26）同様、あっという間に質が悪く乾燥しやすい角層が再生されてしまいます。すると、さらにゴワつきや毛穴詰まりがひどくなるという悪循環になってしまいます。

それだけでなく、洗顔しながら角層に細かな傷をつけることで、角層の潤いを保つ細胞間脂質が流れ出し、バリア機能が乱れて乾燥肌に傾いてしまいます。すぐに保湿すれば元通りと思うかもしれませんが、一度乱れたバリア機能が回

復するのには時間がかかるので、**スクラブ洗顔を繰り返していると乾燥しやすい肌質に**なってしまいます。さらに、敏感肌の人なら些細《ささい》な刺激で炎症反応が生じやすくなり、赤みや肌あれの原因になることも。

ゴワつきや毛穴詰まり対策には、29ページでもご紹介した酵素洗顔料がおすすめ。普通肌やオイリー肌の人でどうしてもスクラブ洗顔がやめられないなら、正しい使い方で週1回程度にしましょう。決して力を入れずに泡のクッションを肌の上で転がすように洗い、過度な摩擦を防ぐのがポイントです。

これが正解

スクラブによる細かな傷は乾燥肌を招きます。ゴワつきや毛穴詰まり対策には、酵素洗顔。

やってはいけない

05

化粧水100回パッティングで敏感肌に

肌に起きているのは繊維によるダメージと、潤いの流出

「化粧水を100回パッティングすると肌の奥までしっとりして、毛穴も引き締まる」。これ、私はおかしな都市伝説のひとつだと思っています。ただ、なんの効果もないだけなら笑い話ですむのですが、美肌の逆効果になる面がいくつかあるので注意が必要です。

肌は、異物による摩擦の刺激に弱いのです。コットンには、たとえどんなに良質なものを使っても**表面に細かい繊維があり、パッティングによってその繊維を肌にこすりつける**ことになってしまいます。化粧水が足りなくてコットンが毛羽立つと、さらに摩擦はひどくなります。しかも、何度もパッティングするうちに手の力は自然と強くなり

ますから、肌の負担はますます増加。そしてもうひとつ、24ページでもお伝えしたように、ぬれた状態が長時間続くことで、肌の角層にある細胞間脂質が流れ出しやすくなってしまい、コットンの刺激と相まって肌は敏感ぎみに。肌に優しいコットンを用意して、化粧水をたくさん使って、と何かと費用もかかる化粧水パッティングですが、実はマイナスなことばかりなのです。

保湿とは水分を与えることではなく、潤いを守ること

保湿というと、化粧水で水分を与えることと思っている人が多く、日本人にとって化粧水は欠かせないものとなっています。でも、実は**「化粧水で水分を与える」というお手入れは、本来肌にとってマストなものではなく、省いてもいいくらい**のもの。

人間の体は60％以上が水分で、水は上から与えなくても、もともと体内にたくさんあります。それが逃げないように、肌の最も表面にある角層でバリアを作って食い止め、正しい意味の保湿バリアを作るのは、角層に並んだ角質細胞の中にある**NMF（天然保湿成分）**や、細胞の隙間を埋めるセラミドなどの細胞間脂質です（P18）。

もちろん化粧水にも多少の保湿成分は含まれているので、つけると一時的にしっとりして心地よく感じます。でもその成分はごくわずかなので、保湿目的で使うなら、**成分の濃度が高い保湿美容液の方がいい**ということになります。

うーんそうすると、化粧水を使う意味は……？　とお感じになる方もいるかもしれません。保湿という観点では、**化粧水を省き、保湿成分と油分が入ったクリームで肌を包み込むように潤いを守るだけでも十分**です。クリームだけだとなじみが悪いように感じるなら、美容液や乳液をつけるといいでしょう。

お手入れのスターターとして、手で優しくつけるのはOK

ただ、化粧水をつけるとみずみずしくて心地よかったり、肌に透明感が出たり、角層が柔軟になるので後に重ねるアイテムがなじみやすくなったりと、お手入れが楽しく快適になるというメリットはあります。朝はひんやりした化粧水でシャキッと目を覚ましたり、夜は心地よさで1日のストレスをリリースしたりと、お手入れの儀式になっている方もいますよね。だから使うこと自体は否定しませんが、**コットンパッティングではなく、両手にとって優しく押し込むようにしてなじませせましょう。**むやみに大量につける必要はないので、1〜2回重ねて肌がすみずみまでしっとりしたら、美容液や乳液、クリームをしっかり重ね、潤いが逃げにくい肌に仕上げて。

当たり前の常識のようになっているお手入れも、そのステップの皮膚科学的な意味を考え、本当に必要かどうかを見直すことで、効率よく美肌に近づくことができます。

これが正解

化粧水は絶対必要なお手入れではありません。潤いを守る、クリームや美容液に重点を。

やってはいけない

06

朝洗顔しない美容法でさらに乾燥

ほとんどの肌タイプは、朝も洗顔料を使った方がいい

「乾燥肌だから朝は洗顔料を使わず、ぬるま湯ですすぐだけ」という人が増えました。ひとくちに乾燥肌といっても、その状態はさまざま。中にはきめが細かくて毛穴がごく小さく、日中のテカリがなく、朝起きてTゾーンに触れても指に皮脂がつかない＝皮脂の分泌がほとんどないような方もいて、その場合、朝は水洗顔でもいいでしょう。

でも「テカるのに乾燥する」「毛穴が詰まりやすい」「乾燥肌だけどときどきニキビができる」という人は、朝も洗顔料を使ってください。なぜなら皮脂が出ているからで、**皮脂は水やぬるま湯すすぎでは落とせない**のです。

朝洗顔しない派には「皮脂を落としすぎると乾燥して、さら

なる過剰な皮脂分泌を招く」と思っている方が多いようです。でも、皮脂は脂質なので、**空気中の酸素に触れて少しずつ酸化**していきます。夜の洗顔後に分泌した皮脂は、朝にはもう酸化していて、放っておくと肌に刺激を与えバリア機能を乱し、むしろ乾燥を誘発することも。さらに、夜のお手入れで使用した化粧品の油分も酸化します。それらの油分は朝の洗顔ですっきり落とし、また新たに新鮮な皮脂を分泌する方が、美肌のためにはよいのです。化粧品メーカーの研究結果でも、**朝にきちんと洗顔料を使った方が肌の潤いは高まる**ことが実証されています。洗顔料を使わないと古い角質も落とせないので、毛穴が詰まったり、肌に透明感がなくくすんだ印象にもなりがちです。

朝洗顔で乾燥するのは、間違った洗い方のせいかも

「朝に洗顔料を使うと肌が乾燥する」という人は、皮脂だけでなく肌の潤いのもとである細胞間脂質を洗い流している可能性があります。時間がないからといってあまり泡立てずにゴシゴシ洗っていませんか？　弱酸性、アミノ酸系、保湿成分配合などマイルドなタイプの洗顔料を選び、しっかり泡立てて、泡で優しくなでるようにしましょう。洗うのは20秒程度の短時間ですませ、ぬるま湯でよくすすぎ、タオルでそっと押さえるように拭いて。**正しい洗顔には、どんな高級クリームにも負けない美肌効果があります。**

これが正解

皮脂がほぼ出ない肌質以外は、朝も洗顔料で優しく洗って酸化皮脂を落としましょう。

COLUMN 01

洗顔、保湿、UVケアが基本

美肌を守る正しいお肌のお手入れ方法とは?

「肌は過保護にすると怠けてしまう」という意見もありますが、そんなことはありません。むしろ、保湿が足りないと肌は乾燥に傾き、トラブルが起こりやすくなります。加齢とともに肌の水分量は少なくなり、クレンジングや洗顔でも潤いが多少流れ出てしまうので、保湿ケアは欠かせないのです。

クレンジング料や洗顔料は信頼できるメーカーの、マイルドな洗浄力のものを選び、決してこすらず優しく洗って。その後、化粧水を手でなじませたら乳液、クリームと重ねます。乳液を省略し、肌悩みに合わせた美容液を1品プラスしてもいいでしょう。

美容オイルをお使いの方も多いと思いますが、残念ながらオイルの保湿効果はそれほど高くありません。保湿には、油分の膜で肌を覆って水分の蒸発を防ぎ、柔軟に保つ「エモリエント」と、セラミドなど潤いを保つ効果のある成分を与えたり、潤いを作り出すように働きかけたりする「モイスチャライザー」の2種があります。オイルにはエモリエント効果がありますが、本質的な保湿ケアになるのはモイスチャライザーの方です。クリームには双方の効果があるので、30歳を過ぎたらクリームをつけるようにしましょう。

肌のエイジングの8割は紫外線による光老化。朝のお手入れの最後には日焼け止めを忘れずに。

やってはいけない

07

オーガニックアロマオイルで接触性皮膚炎

天然に近いものほど、刺激が強い可能性も

保険診療を主に行う大学病院の皮膚科勤務医だったころに多く診たのが、このトラブルです。エッセンシャルオイル、いわゆるアロマオイルを肌に直接つけてかぶれを起こしたり、ディフューザーでエッセンシャルオイルを拡散した部屋に長時間いて、皮膚の薄い目の周りが腫れてしまったりした方もいました。

これらの症状を「接触性皮膚炎」といいます。**皮膚に直接触れたものが原因で、炎症や湿疹《しっしん》を起こす**ものです。うるし、金属、皮革製品、化学繊維などによるかぶれと同じです。

天然や自然のもの＝肌に優しいというイメージがありますが、むしろ逆で、**植物の作用はとても強く、そのぶん刺激も強い**のです。エッセンシャルオイルはそもそも肌に直接つけることが禁止されているほどに刺激が強いものですが、ナチュラルコスメやオーガニックコスメといった自然派の化粧品にも要注意。それが天然に近い処方であるほど、植物のさまざまなエキスが含まれているので、**肌が弱い人が使うと刺激が強くトラブルを起こす**こともあります。皮膚科で肌あれを起こした人にとりあえず肌の保護剤として処方するのは、皮膚トラブルを起こさないミネラルオイル100%のワセリンです。**天然だから優しくて肌にいい、ケミカルだから刺激が強いということはないのです。**

オーガニックコスメは、肌よりも気持ちに優しいコスメ

ちなみにオーガニックコスメとは、有機栽培された植物由来の成分を使った化粧品のことです。通常の化粧品は植物のエキスやオイルを抽出する過程で化学成分を使ったり、防腐剤を使ったりして品質を安定化させていますが、オー

ガニックコスメは化学成分を限りなく排除（その基準はメーカーによってまちまち）しているので、品質が不安定だったり、開封してからの変質も早く、それによって肌あれを起こすこともあります。そういったリスクの割に、オーガニックだから顕著な美肌効果があるなどのデータは出ていないのが現状です。**オーガニックコスメは美肌のためというよりも、なるべく自然に近いものを使いたいという気持ちに寄り添ったもの**でしょう。心地よい香りは楽しめますから、肌が健康で、スキンケアでリラックスしたい人にはいいのかもしれません。

これが正解

肌が弱い人が、むやみにオーガニックや自然派コスメを信じるのは危険です。

やってはいけない

08

洗顔ブラシでさらなる角栓体質に

ブラシが毛穴に入っても、入らなくてもトラブルのもとに

洗顔ブラシは、乾燥肌よりも、オイリー肌や毛穴の目立つ方が使う傾向があるようです。ただ普通に洗顔するだけでは角栓が落とせないので、ブラシでかき出そうという作戦ですね。気持ちはわかるのですが、残念ながら効果は期待できず、**ブラシを使うことでかえって角栓を悪化**させ、毛穴が悪目立ちしてし

まうこともあります。

毛穴の直径は、0・2〜0・5ミリです。これよりも毛先が細いブラシでないと、毛穴の汚れをかき出すことはできません。毛穴の汚れを取ろうとしてブラシを押しつけるほど、**表面のまだ必要な角質細胞や潤いをごっそりこすり取ってしまい**、乾燥肌の原因に。

ブラシが細く毛穴に入ったとしても、毛穴の中の構造上、汚れをすべて取り去ることにあまり意味はないのです。毛穴の中は〝肌の表面の一部〟なので、角層が内側の奥の方までつながっています。毛穴は奥に行くほど狭くなり、狭いスペースの中で角層の代謝が行われるため、**毛穴の中は過角化（角層が厚くなり過ぎること）しやすく、ブラシでかき出してもまた詰まってしまいます。**取り去ることに意味はないのに、ブラシでこすって物理的な刺激を与えることで、より角化を促してしまう。結果、**角栓はますます悪化し、肌表面は乾燥してだらんとハリがない状態**を生み出してしまいます。

角栓を育てない、ぐらいの気持ちで優しくお手入れを

毛穴の汚れ対策には、29ページでご紹介したように、酵素洗顔料や、普通～

オイリー肌の方ならクレンジングオイルがおすすめです。ただし、前述したように**必死で取り去ることに意味はありません**から、日々少しずつ汚れを落として角栓を育てないようにする、ぐらいの気持ちで。こすらず優しくお手入れして、肌や毛穴への過度な刺激を防ぎましょう。汚れを落とした後は、美容液や乳液、クリームなどで十分に保湿することも大切です。

これが
正解

洗顔ブラシは百害あって一利なし。そもそも角栓を完全に取り去る必要も、ありません。

やってはいけない

09

スチーマーの保湿は〝つもり〟だけ

スチームは〝打ち水〟と一緒

夏の暑い日、玄関に打ち水をすると空気がしっとりして涼やかになりますね。でも、しばらく経つと水は蒸発し、何事もなかったように。スチーマーの蒸気は、これと同

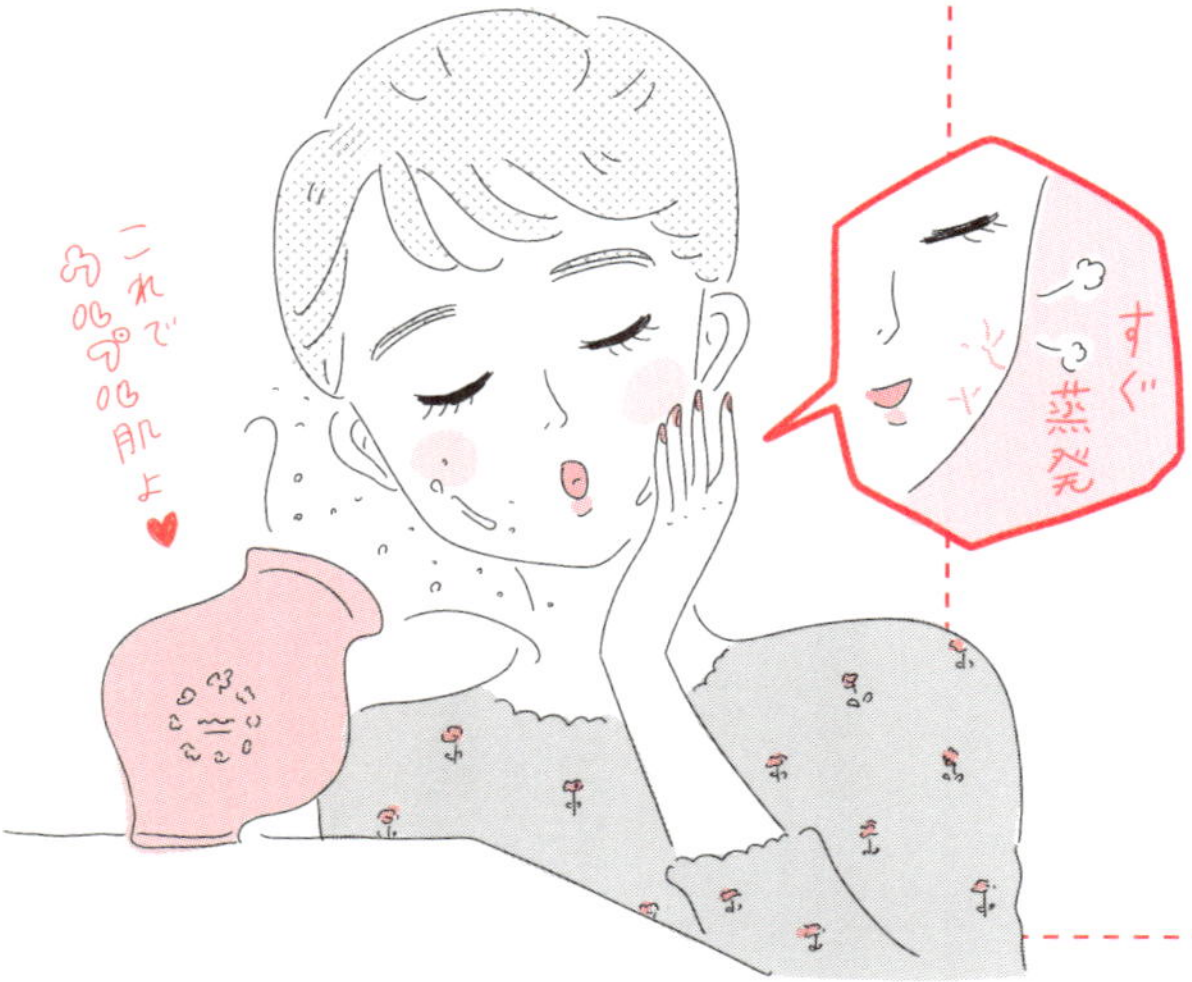

じ原理です。保湿成分などを含まないただの水なので、一瞬は潤い、肌が柔らかくなって透明感も出ますが、**時間が経つと蒸発してしまいます**。使うのは構いませんが、これで潤ったと勘違いせず、美容液や乳液などでしっかり保湿しましょう。クレンジングのとき、肌を緩ませてきめの間の汚れを落としやすくするために使うのは、いいかもしれません。

日中メイクの上から使うミストローションも、同じようなものです。**保湿成分はごく微量しか含まれていない**ので、過度な期待はやめましょう。

これが正解

スチーマーを使うのはいいですが、保湿効果は期待せずに。蒸気は所詮、ただの水です。

やってはいけない

10

ハトムギを飲んでも塗ってもほとんどのイボは消えない

ハトムギエキスが効くイボは、1種類だけ

化粧品に配合されていたり、美肌サプリがあったり、ハトムギ＝肌にいい、というのはすっかり一般常識になっているようですね。特に、ニキビやイボなどに効くという説が知られています。

確かに、穀物としての栄養価は高いと思います。米の2倍のタンパク質を含

これでイボも安心
ハトムギローション

み、ビタミンB群やカリウムなども豊富。ただ、ハトムギエキスを肌に塗っても、ニキビや加齢で増えるイボが治る可能性は低く、**ハトムギ化粧水をいくら使っても、気休めにすぎない**のです。

この説が出たのは、顔にできる「青年性扁平疣贅《せいねんせいへんぺいゆうぜい》」という肌の色のイボに対して、漢方薬の「薏苡仁《よくいにん》」（ハトムギから抽出したエキス）内服に一定の効果がある、という論文が発表されたからでしょう。青年性扁平疣贅は、ヒトパピローマウイルス（ＨＰＶ）という、ウイルスによってヒトからヒトに感染するものです。このウイルスの一系統（16型・18型など）は子宮頸《けい》がんの原因ですが、顔そりなどがきっかけでＨＰＶ（3型・10型）が皮膚に感染すると、肌の色のイボになります。薏苡仁にはターンオーバーを高める作用があるので、治療の手立てがない青年性扁平疣贅に一定の効果があるとされています。

ハトムギの肌への効果が実証されている論文は、これだけです。**ニキビや、大人の首や腕などにできる「アクロコルドン」「脂漏性角化症《しろうせいかくかしょう》」という老人性イボとの関係性は、一切ありません。**「大人のイボにハトムギが効く」と大々的に宣伝していた業者に対し、日本皮膚科学会が注意喚起したこともあるくらいです。**ハトムギ化粧水に投資する代わりに、効果が実証されている正しい治療を。**ニキビには原因となっている皮脂や角質肥厚《かくしつひこう》への対策、老人性イボには炭酸ガスレーザーで浅く削《けず》るなどの治療が適しています。

これが正解

ハトムギが効くのは、ウイルス性のイボだけ。ニキビや大人の首イボには、効きません。

やってはいけない

11

油抜きダイエットでシワシワ肌

油をとらないと、肌のバリア機能が低下する

よく「油抜きダイエットをすると、皮脂が出なくてカサカサ肌になるよ」などといわれますが、肌にとっての大きな弊害は、そこではありません。

肌の潤いのもとである、セラミドなどの**細胞間脂質（P19）は、コレステロールなどの脂質を材料にして作られています。**油脂をとらない食生活を続けて

しわしわ…
カサカサ…
鶏のササミ
ノンオイルドレッシング
しょう油

いると肌のバリア機能が低下し、乾燥してちりめんジワができてしまいます。肉や魚をとらないベジタリアンの場合も同様で、動物性のタンパク質が不足すると肌がしぼんできます。ダイエットを長く続けている方や拒食症の方の肌は、骨粗鬆症《こつそしょうしょう》ならぬ〝**皮膚粗鬆症**〟と呼びたいくらいにスカスカでツヤがなく、**笑うとシワだらけ**になりやすいのです。

体型管理のために食事制限をしていても、油は抜かないようにしましょう。どうせとるなら、良質な油を選んで。植物油を自宅に常備するなら、加熱用には安定性が高く熱によって酸化しにくい**オリーブ油**を。プラス、体内で合成できない必須脂肪酸である「オメガ3系脂肪酸」を含む、**亜麻仁《あまに》油や荏胡麻《えごま》油**を取り入れるのがおすすめです。オメガ3系の油は酸化しやすいので冷蔵庫に保管し、生でサラダなどにかけていただきます。

「肉はささみしか食べない」など、肉や魚の脂を避ける方もいますが、**動物性の脂は安定性が高いので、適量とるぶんにはおすすめ**です。ダイエットをするなら糖化の原因になりやすい甘いものや糖質を控えれば、ツヤとハリのある肌を保ったまま、きれいにやせることができますよ。

これが正解

油脂は肌の潤いのもとを作る大切な材料。ダイエットするなら糖質を控えましょう。

やってはいけない

12

夜の丁寧スキンケアで不眠汚肌

スキンケア不足よりも、睡眠不足の方が肌に悪い

仕事終わりにジムやヨガへ行き、帰宅したらヘルシーな食事を作って食べ、湯船にしっかり浸かり、お風呂上がりはパックして、マッサージもして。そうこうするうちあっという間に日付は変わり、睡眠時間は4~5時間……。肌や美容のために、こんな生活を送っていませんか。皮膚科医としてのアドバイス

は「**とりあえず、寝ましょう**」。たっぷり時間に余裕があり、趣味で美容を楽しめるのならいいのですが、忙しい方が睡眠を削って美容を頑張るのは、本末転倒。肌にとって何より大切なのは、睡眠です。肌だけでなく体の不調も心のストレスも、**たいていのことは睡眠が解決してくれる**のです。

肌のダメージが修復されるのは、主に睡眠中

肌や体の組織は、日々の活動によって傷ついたり、壊れたりしていきます。それらの傷が**修復され、細胞が再生されるのは、主に睡眠中**。食事で吸収した栄養を体内に巡らせて、新しい細胞を作り、古い細胞を代謝するのです。肌の表皮は4～6週間、真皮は2～3年で、すべての細胞が入れ替わるといわれています。睡眠時間が少ないと、角層のターンオーバーがうまくいかずに肌がく

19:00〜
ヨガスタジオ
21:30
帰宅して夕飯
いただきま〜す!
みそ汁
玄米
鮭
納豆
23:00〜
長風呂
24:00〜
シートマスク&
ハーブティー
25:00〜
マッサージ&
瞑想…
ふわぁあ〜
もみもみ
気付けば深夜2時
もう朝!?
PPP!!
アラーム
翌朝6時起きの
4時間睡眠

すんだり、ゴワついたり、毛穴が詰まって角栓やニキビの原因になったりします。短時間睡眠はうつ病の一因ともいわれ、ストレスが解消されないので、ホルモンバランスや自律神経の乱れによる肌不調にもつながります。

夜の丁寧スキンケアは時間があるときだけにして、遅く帰宅した夜は、クレンジングと洗顔、化粧水とクリーム程度で十分。**1分でも長い良質な睡眠が、何よりの美容液です。**

これが正解

十分な睡眠は、肌にとって何よりの美容液。お手入れを頑張るのは時間があるときだけに。

やってはいけない

13

ファンデーションブラシでニキビ悪化

ブラシ塗りは毛穴を詰まらせる

ファンデーションをブラシでつけるのが、はやっているようですね。毛穴がきれいにカバーできて、つるんと仕上がるとか。私もお店で勧められたことがあり、確かにその店員さんのメイクは完璧な仕上がりなのですが、**たくさんのニキビができている**のを見て「やっぱり……」と思ってしまいました。

ブラシで塗ると、物理的な刺激への防御反応で角層が厚くなり、毛穴が詰まりやすくなります。また、指では不可能な毛穴の奥までファンデーションを押し込んでしまうので、**毛穴がフタをされた状態**になってしまいます。すると毛穴内で分泌された皮脂がどんどんたまり、もともと**毛穴の中に棲《す》んでいるアクネ菌が皮脂を栄養にして増え、ニキビの発生**につながるのです。これはファンデーションを厚塗りしている人も同様で、化粧膜が厚いほど毛穴は詰まりやすくなります。

ニキビができる原因は、外からの雑菌ではありません

メイク道具や、枕カバーなどの雑菌でニキビができると思っている方も多いようなのですが、大きな誤解です。**ニキビの発生と雑菌は関係がなく、ニキビはあくまで毛穴の中に棲んでいるアクネ菌が誘発**するものです。

アクネ菌は皮膚の常在菌の一種で、酸素を嫌って油脂を好むという珍しい性質をもっています。普段は悪さをすることはありません

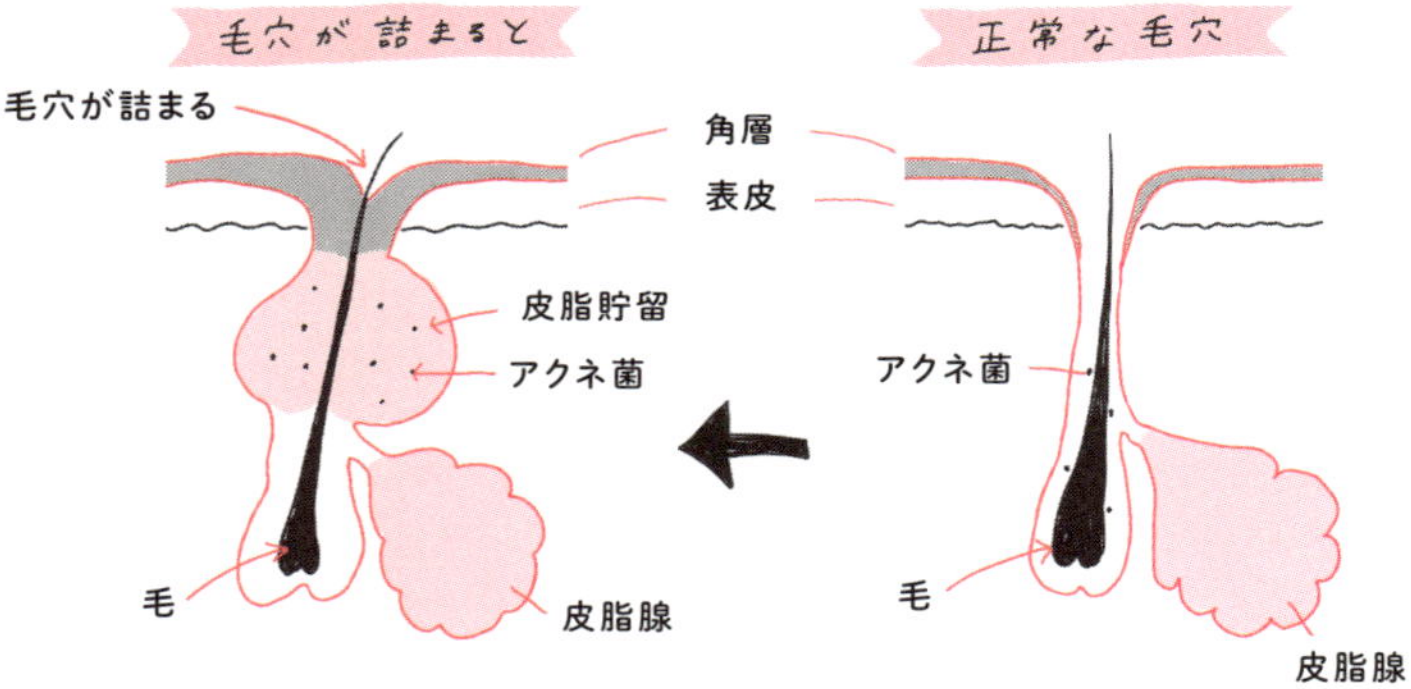

角栓やメイクなどによって毛穴が塞がると、中で皮脂が過剰に。
その皮脂をエサにアクネ菌が増え、炎症を起こしてニキビに。

が、毛穴が塞がって皮脂が過剰になると、酵素によって皮脂を「遊離脂肪酸《ゆうりしぼうさん》」という刺激物質に変換し、異物から体を守る白血球の一種「好中球《こうちゅうきゅう》」を呼び寄せます。**この遊離脂肪酸と、好中球が働きながら出す活性酸素が毛穴を刺激することで、炎症が悪化し、赤いニキビに。**炎症が激しいと好中球の死骸が膿《うみ》となって大きな黄色いニキビになったり、ニキビ痕《あと》が凹んだりします。

ニキビがまったくできない方以外は、**指やスポンジでファンデーションを塗りましょう。**完璧なメイクの仕上がりよりも、素肌の美しさを大切に。

これが正解

ニキビを防ぐには毛穴を詰まらせないこと。完璧な厚塗りメイクは毛穴を詰まらせます。

COLUMN 02

ニキビ　シミ　たるみ　etc.

肌悩みには〝美容医療〟という選択

① 機器などによる治療

スキンケアとは、肌の汚れを落として保湿することでトラブルのない健康な肌を保つことです。シミやたるみなどエイジングの進行を緩やかにする効果も。ただしニキビなどトラブルの治療効果や、シミやシワ、たるみを解消するほどの力はありません。ここを認識し、スキンケアに過度な期待をするのはやめましょう。

ニキビや肌あれなどのトラブルを、痕を残さずきれいに治したい、エイジングを巻き戻したいというときは、美容皮膚科を受診しましょう。スキンケアにいくら投資しても治療効果は得られないことを考えれば、よほど効率的です。

ニキビにはケミカルピーリング、炎症性のニキビやニキビ痕、肌あれにはフォトフェイシャルが効果を示します。シミやイボとりや毛穴引き締めには各種レーザー。たるみの引き上げにはウルセラ（超音波式）、引き締めにはサーマクール（高周波式）といったたるみ治療器がおすすめです。いずれも機器を用い、見える部分には傷がつかないのでダウンタイム（回復期間）がほぼなく、ハードルが低いのが特徴。多くのクリニックで受けることができますが、施術者の技術によって結果の満足度は異なります。また、シミなどは症状に最適な機器や出力の見極めも重要になりますので、信頼できるクリニックを選ぶことも大切です。

第2章

美容習慣

インターネットにもテレビにも雑誌にも、街中にも。
世間には美容にいいという情報があふれています。
たるみを防ぐ顔ヨガ、コロコロローラー、
薄毛対策の頭皮マッサージ、布ナプキン……。
一見、それらはどれも効果がありそうで、
年を重ねて変化していく女性の悩みの救世主のように思えますが、
実はそうではなく、むしろ肌トラブルを招くものや、
エイジングを加速させるようなものも多いのです。
第2章では、そういった「やってはいけない」美容習慣について

お話ししたいと思います。
美容にとってよくないものはその理由を、
やり方によって一定のメリットもあるというものは、
どのように取り入れたらいいかをお伝えします。
また、習慣の中で、私が特に気になるのが〝表情グセ〟。
心で考えていることは表情に出やすく、同じような表情を
繰り返していると、顔つきとして定着してしまいます……。
その例をあげたので、自分にあてはまるものがないか、
チェックしてみてくださいね。

やってはいけない

14

顔ヨガでかえって輪郭崩壊

顔の筋肉は、緩める方が若く見える

思い切り目を見開いたり、口を大きく動かしたりする「顔ヨガ」。日頃使わない表情筋を鍛えることでリフトアップや小顔効果があるそうなのですが、私はむしろ、たるみの原因になると思っています。顔の筋肉はむやみに鍛える必要がなく、**美しくあるためにはむしろ、緩めた方がよいのです。**

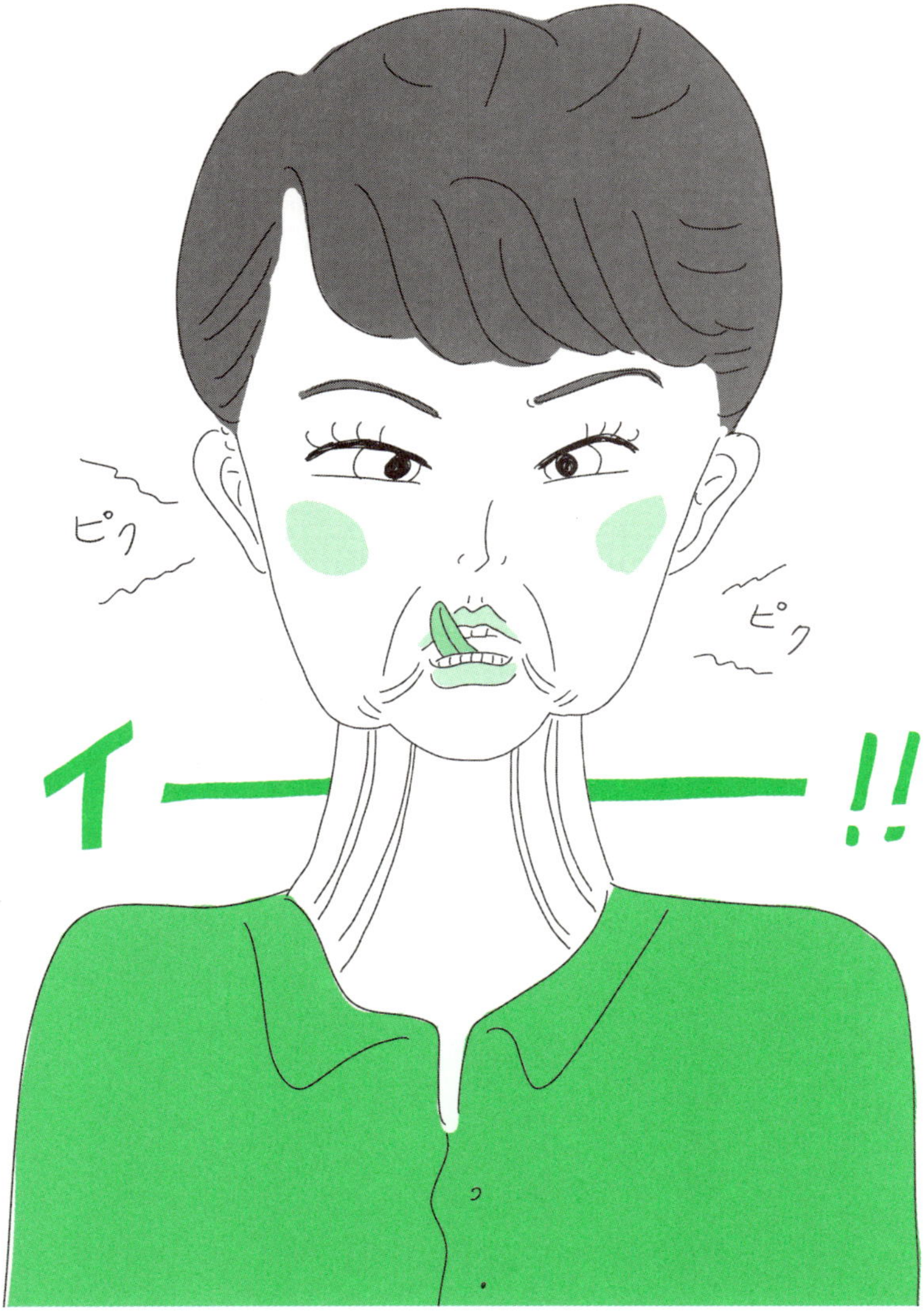
ピク
ピク
イーー!!

筋肉が強いと、皮膚を引っ張って老け顔を助長

年を重ねるにつれ、人の顔つきは徐々に変わってくるものです。表情が険しくなって周囲に威圧感を与えたり、笑ったとき歯が奥歯まで見えるようになったり。これらは表情筋の肥大・拘縮《こうしゅく》（大きくなり、硬く縮まる）が原因です。**表情筋には加齢によって強くなりやすい**という困った性質があり、放っておくと少しずつ育ってしまいます。**筋肉と皮膚は綱引きのようにバランスを取り合っていて**、加齢により皮膚はハリを失い、逆に筋肉は過緊張になるため、筋肉の影響が強く出てしまうのです。それによって表情が険しくなるだけでなく、目元や額にシワができやすくもなります。そういったマイナス印象を解消するために表情筋を緩めるボトックス注射があるくらいなのに、逆に表情筋を鍛え

て顔を険しくしようというのはナンセンスです。

特に**「イー」という口の動き**をする顔ヨガが問題。首筋の左右に浮かび上がる「広頚筋《こうけいきん》」という薄い筋肉が発達し、固く縮んでしまいます。広頚筋は「下制筋《かせいきん》」という、**下あごからフェイスラインを引き下げる筋肉**の一種。ここが発達すると……。おわかりですね。たるみを助長してしまうのです。下制筋と逆の、引き上げる働きをするのが「挙上筋《きょじょうきん》」。日頃の表情では挙上筋がやや優位になるよう、かすかに微笑みをたたえた状態をキープするとよいでしょう。

これが正解

表情の険しさを助長する顔ヨガはナンセンス。筋肉は緩めた方が若々しく見えます。

やってはいけない

15

毎日コロコローラーでたるみ加速

皮膚を引っ張ることでコラーゲンが伸びる

80ページの顔ヨガと並ぶ、いやむしろそれ以上に人気があるのが、肌の上をコロコロ転がすY字形のマッサージローラー。これの**やりすぎ**も、私が全力で止めたい残念な美容習慣のひとつです。

肌のハリ感は、真皮層や皮下組織にあるコラーゲン線維によって支えられています。コラーゲン線維は紫外線や近赤外線、タバコの煙などの影響で劣化し、細くなったり切れたりします。**皮膚を筋膜や骨に固定している「リガメント」という靭帯《じんたい》もコラーゲン線維**で、引っ張る力に影響を受けやすく、伸びて弱くなります。マッサージローラーは皮膚を奥からぐっとつかんで引っ張るので、加齢によってただでさえ弱くなった**コラーゲン線維がいじめられて、伸びたり切れたりしてしまいます。**つ

まり、やればやるほどたるみを加速させてしまうのです。

肌は動かすほど老化が進行する

ではこのマッサージローラーはなんのためにあるのかというと、血流やリンパの流れを促す働きがあるので、顔のむくみは解消してくれるでしょう。朝起きてむくんでいるときなどに、軽くコロコロと短時間転がすくらいならOKです。ただし、**週2回くらいを限度に**しましょう。毎日の習慣にするのはコラーゲンがかわいそうです。ちなみに、骨格を強い力で押して顔のむくみ解消や血流を促す「コルギ」という施術も、リガメントに強い負担をかけて伸ばしてしまう可能性があり、危険です。

一卵性双生児の比較で、20年間定期的にボトックス注射を受けて肌の動きを緩めた一方と、数回しか行わなかった他方では、見た目に大きな差が出現したという報告があります。顔ヨガしかり、コロコロマッサージやコルギしかり、肌は引っ張ったり伸ばしたりして動かすたびに、老化が進行していくのです。

こうお話しすると「無表情の方がいいんですか？」と聞かれることがありますが、実際、無表情の方が肌の老化は防げます。でも人としては、仏頂面よりも表情豊かな方が魅力的。日頃の生活ではよく笑い、お手入れでは極力コラーゲン線維を引っ張らないようにして、ハリのある肌をキープしましょう。

これが正解

コロコロローラーによる刺激は肌のたるみを促します。むくみ取り目的なら短時間で。

やってはいけない

16

かっさマッサージでくすみ肌

色素沈着は肌の自然な防御反応

以前、テレビ番組である芸人さんが乾布摩擦を1か月続けるという企画があり、興味深く見ていたところ、1か月後にはこすっていた部分が全体的に浅黒くなっていました。こすりすぎによって皮膚が炎症を起こし、色素沈着してくすむ**「フリクションメラノーシス」（摩擦黒皮症《まさつこくひしょう》）**という症状です。

専用のプレートで肌をこすって活性化させる美容法「かっさマッサージ」も、同じことです。素肌を強くこする習慣を続ければ、摩擦で色素沈着が起こります。「使っていても黒ずんでこないから大丈夫」という方も、かっさマッサージの後、こすった部分の肌が赤みを帯びたことはありませんか？　その赤みこそが小さな炎症であり、**長期間続ければ色素沈着や老化を起こします。**

炎症によってどうして色素沈着が起こるかというと、これは肌の自然な防御反応です。こする刺激によって炎症が起こると、肌は炎症性物質から細胞を守るためにメラニンを作って細胞に分配します。するとメラニンが傘のようになって細胞の核（中心部）を炎症性物質から守ります。繰り返されると、メラニンが蓄積して、色素沈着によるくすみが起こるのです。

かっさマッサージをしたい方は、肌にオイルやクリームをたっぷり塗り、**摩**

擦が起こりにくい状態でごく軽くなでるようにしましょう。軽い力でも血行やリンパの流れを促すことはできます。こった部分を刺激したいときは、こすらず、プレートの角でプッシュして。肌は**こする刺激には弱いですが、垂直に押す刺激には比較的強い**ものです。

他にもこんな、色素沈着を招く美容法が

肌をこする美容法は他にもいくつかあり、韓国エステの垢《あか》すりは、肩甲骨など骨のある部分への刺激が強くなるのでさざ波状に黒ずんだりします。体を洗うナイロンタオルや、粒の粗いスクラブ剤で強くこすりすぎるのも危険です。古い角質は、顔なら酵素洗顔（P29）、体ならごく軟らかいスクラブで優しくなでるようにして取り去りましょう。

これが正解

かっさプレートで肌を強くこするのは禁物。使うならオイルやクリームを塗り、なでるように。

やってはいけない

17

小顔整体で骨が動いたらそれは事故

頭蓋骨は、施術で押す力では絶対に動かない

街中やインターネットには「頭蓋骨のゆがみを治す」という小顔整体の広告があふれていますが、**大人の頭蓋骨が施術で押す程度の力で動くことは、絶対にありません。**もしも整体で顔の輪郭が変わったとしたら、それは骨が動いたのではなく、筋肉のハリがほぐれたり、むくみが流れたりしただけです。一時

的なものなので、少し経てばまた戻ってしまいます。

頭蓋骨とは脳を収容している空間（頭蓋腔《とうがいくう》）を囲んで守っている骨で、いくつかの骨がぴっちりと接合しています。**ずれることはありません**し、もしもずれてゆがんだとしたら、脳を圧迫して命に関わる状態になります。子供の頭には頭頂部に「大泉門《だいせんもん》」という空間があり、骨と骨の接続も緩く、ずれやすいのですが、これは胎児がお腹から出てくるとき、頭蓋骨のパーツを重ねて産道を通りやすくするためのものです。2歳ごろまでには完全に閉じ、それ以降ずれたり歪んだりすることはありません。

ただし下あごについては、もともと口の開閉のために接合部が蝶《ちょう》つがいのような構造になっているので、大きく笑ったりあくびをしたりした弾みに結合がずれたり、はずれたりすることがあります。

小顔整体の誇大広告には措置命令も

この小顔整体の誇大広告は以前から問題になっていて、2016年にはついに消費者庁が、全国の小顔サービス9業者に対し、「頭蓋骨のゆがみやずれを手で矯正することで小顔になり、かつ、それが持続するかのように示す広告には根拠がない」として、景品表示法違反により表示を改める措置命令を出しました。それでもなお、骨を動かすという小顔整体の広告はあとを絶ちません。

小顔になりたいのは女性の永遠の願いですが、**やみくもに手を出さないよう気をつけましょう。**同じ投資をするなら、エラの筋肉にボトックス注射を受ける方がよほど確実な小顔効果があります。

これが正解

頭蓋骨は人の手の力では動かせないし、そもそもずれることもありません。

やってはいけない

18

美容鍼《ばり》でリフトアップはまやかし

鍼《はり》の刺激によって、一時的に筋肉が活性化

即効的なリフトアップ効果や美肌効果があるといわれる美容鍼。細い鍼が顔に何十本も刺さっている様子は絵的にもインパクトがあり、タレントさんなどのきれいの秘密として、よく紹介されていますね。

そもそもどうして、鍼を刺すだけでリフトアップや美肌効果があるのでしょ

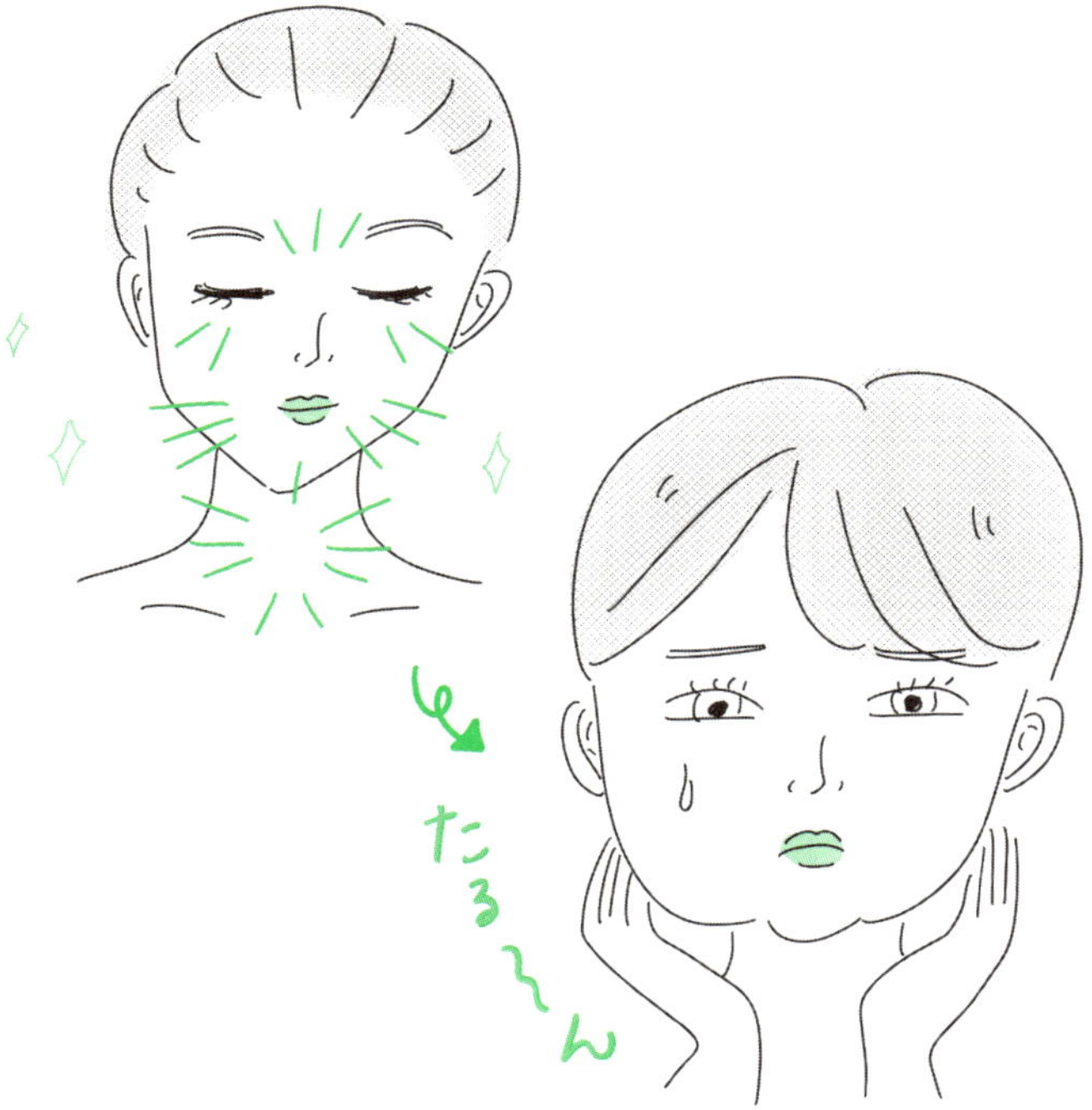

う？　その秘密は、筋肉の働きです。美容鍼は皮膚の奥の表情筋に刺すので、刺激によって筋肉がいったん収縮します。その後、鍼を15分程度そのまま置いておくことで周辺の血行がよくなり、筋肉が緩んで活性化します。

普段使わず硬くなっていた表情筋に刺すことで、

伸縮がよくなってリフトアップ効果を発揮したり、**顔全体の血行がよくなって**くすみやむくみがとれ、小顔や引き締め効果も得られるのです。

とはいえその効果は一時的なもので、一般的には2〜3日とされています。美容鍼でリフトアップした顔が、そのまま定着するわけではありませんし、**定期的に通うことでクセづけされるわけでもありません。**

過信するのはNG。でも、メリットもあり

ただし、美容鍼にはコロコロローラー（P84）やかっさ（P88）のような肌への弊害がなく、逆に**一定の美肌効果があるので、否定するわけではありません。**

鍼を刺すことで肌の表皮や真皮に細かい傷がつきますが、その傷を修復しようとして肌が活性化。摩擦による負担やコラーゲンにダメージを与えること

なく、新陳代謝を高めることができます。**過信せず上手につき合えば、いい美容法**といえるでしょう。

おすすめは、ここぞという日の前日に受けること。モデルさんやタレントさんが撮影前に受けているのは、理にかなっています。

これが正解

美容鍼のリフトアップ効果は永遠ではありません。ただしある程度の美肌効果はあり。

やってはいけない

19

まつエクで眼瞼下垂悪化
（ルビ：眼《がん》瞼《けん》下《か》垂《すい》）

まつエクの重さで、まぶたに負担がかかる

毎朝マスカラを塗るよりも楽で、目をぱっちりと印象的に見せる効果が高いまつげエクステ（まつエク）。そのトラブルというと、まつげが抜けやすかったり、眼球に傷がついたり、接着剤でまぶたがかぶれたり……などが知られています。でももうひとつ、まぶたが重く下がってくる**「眼瞼下垂」という病気**

も、まつエクによって進行しやすいことは、あまり知られていないかもしれません。

その理由は、まつエクの重さです。日本人の自まつげの平均本数は120本程度（上まつげ・片方あたり）ですが、エクステは両目で120本程度つけるのが一般的だそう。まつげの量が1・5倍になり、長さも長く、さらに接着剤の重さも加わるので、**まつげはもちろん、まぶたや周囲の組織にとっても大きな負担**です。軽さを売りにしたタイプのものも出ていますが、それくらい、まつエクに重さを感じている方が多いということでしょう。

まぶたを持ち上げる力が劣化

眼瞼下垂の「眼瞼」とは、まぶたの意味です。上まぶたの目の奥には、眼球に沿うように「上眼瞼挙筋《じょうがんけんきょきん》」という、上まぶたを持ち上げる筋肉がついています。まつエクの重さを支えることでこの**筋肉に負担がかかって伸びてしまったり、筋肉とまぶたをつなぐ腱《けん》が弱ってしまったり**すると、上まぶたが思うように上がらなくなってしまうのです。

また、厳密にいうと眼瞼下垂とは異なりますが、まぶたの皮膚自体が重さによってたるんでしまい、眼瞼下垂と同じ症状になることもあります。

いずれも1回のまつエクでなるものではありませんが、何か月、何年と続けていれば少しずつ悪化することは確実です。できる限り卒業するか、**本数を減らしたり軽いタイプに替えたりするなどの工夫を。**眼瞼下垂はコンタクトレンズや目をこするクセによる刺激、加齢によっても悪化し、ひどい場合は手術をするしかなくなるので、注意が必要です。

これが正解

まつげフサフサでも目がぼんやりでは意味なし。本数を減らす、軽いものに替えるなどの工夫を。

やってはいけない

20

つけまつげでまぶたが茶ぐすみ

接着剤の成分がかぶれの原因に

クリニックで患者さんに施術を行うときはメイクをオフしていただきますが、すっぴんになってもブラウンアイシャドウを塗っているかのようにまぶたが茶色くくすんだ方がいらっしゃいます。お話を伺うと、アイメイクをゴシゴシこするように落としたり、目をこすったりする摩擦で色素沈着を起こしているケ

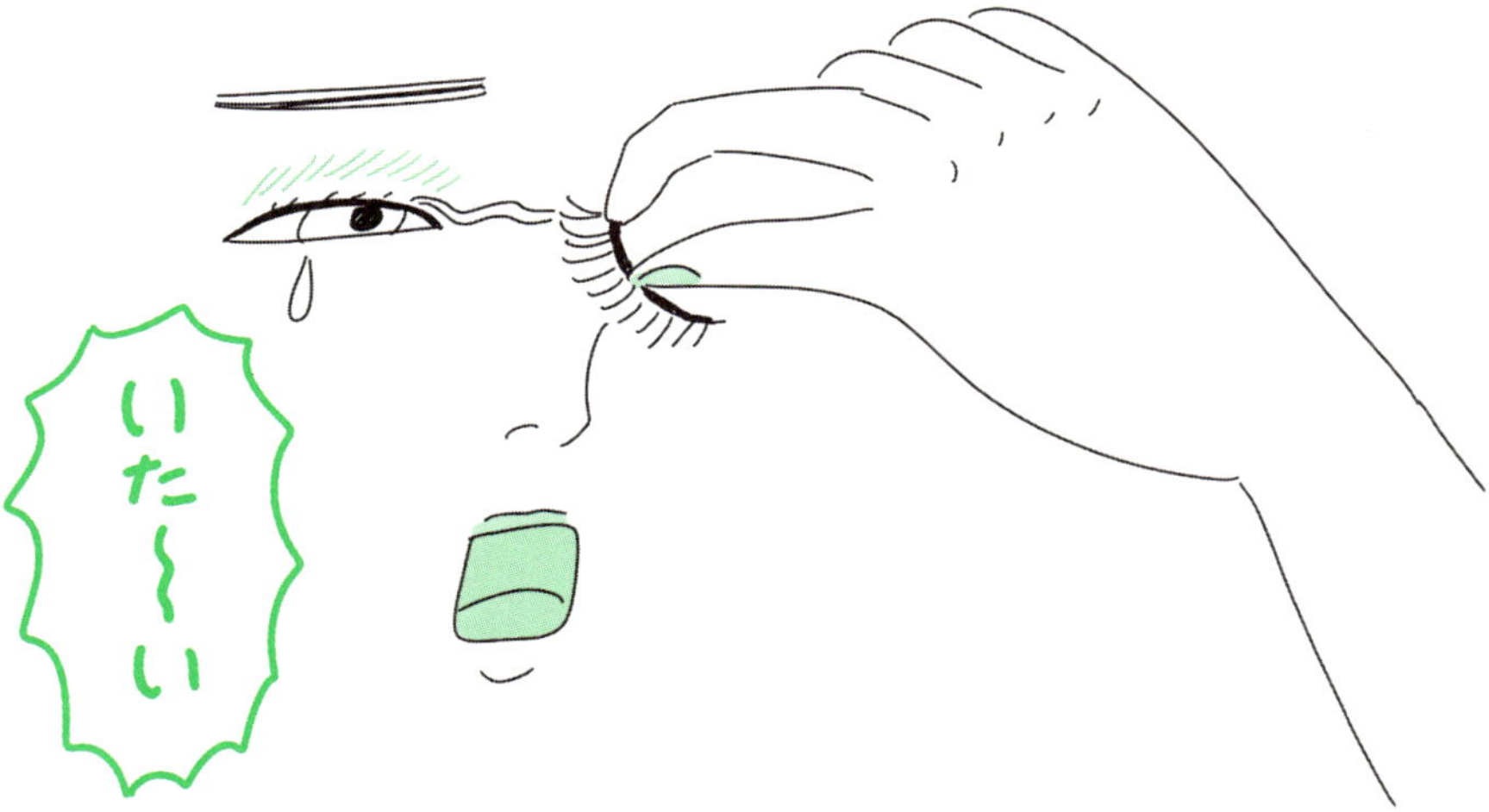

ースが多いのですが、中にはつけまつげによるトラブルの場合もあります。

つけまつげの**最も大きな問題は、接着剤**です。つけまつげを1日中剥がれないように密着させるために、接着力が強め。そんなものを敏感な目の際につけ、はずすときは**引っ張って無理やり剥がす**のですから、毎日のように使っていれば炎症や剥がす刺激で色素沈着を起こしがちです。接着剤の成分はラテックス（主に合成ゴム）やアクリル樹脂であり、**肌に合わない場合はかぶれを起こすことも。**接着剤が強すぎるとまぶたやまつげにくっついて残ったりしますが、それを取るためにゴシゴシこすってしまい、色素沈着を招いているケースもあります。

接着剤を吟味し、使う回数を最小限に

つけまつげをやめられない方は、使う回数をできる限り最小限にしましょう。はずすときは、つけまつげの先端ではなく**根元を持ち、肌に負担がかからないよう目頭から目尻に向けてゆっくり慎重に。**やみくもに製品付属の接着剤を使用せず、自分の肌に合うものを見つけて常備することも大切です。

ちなみに二重まぶたを作る〝二重のり〟も、つけまつげと同様の接着剤を使

用しており、かぶれの報告が増えています。こちらも自分の肌に合うものを吟味し、使いすぎに注意して。

これが
正解

つけまつげによるまぶたのくすみは、接着剤が原因です。使う回数をできるだけ最小限にして。

やってはいけない

21 頭皮をもんでも毛は生えない

頭皮の血行不良以外に、もっと大きな原因がある

男性も女性も、ある程度の年齢になると気になり始める〝薄毛〟。頭皮をもんだりたたいたりすると、血行がよくなって薄毛予防に効果があると信じられていますが、残念ながら、**それだけではほぼ気休めにすぎないのです。**

健康な髪は、いくつかの条件が揃《そろ》わないと生えません。毛根に毛のもとにな

る「**毛《もう》包《ほう》幹《かん》細胞《さいぼう》**」があること、活性力の強い悪玉男性ホルモン「**ジヒドロテストステロン**」が過剰分泌されていないこと、栄養状態がいいこと、貧血がなく全身の血行がよいこと……。これらが大前提なのです。特にホルモンの影響は甚大なので、薄毛が気になったら、まずは何より、**クリニックで検査を。**

これが正解

薄毛を本気でなんとかしたいなら、クリニックで診察を受けるのがいちばんの早道です。

やってはいけない

22 かかとの削りすぎで鏡餅化

刺激を受けてより角層が厚くなる

かかとの皮膚が他の部分に比べて厚くゴワゴワしてしまうのは、他のどの部分よりも、**たくさんの刺激を受けている**からです。歩くときは常に体重を支えていて、靴との摩擦が

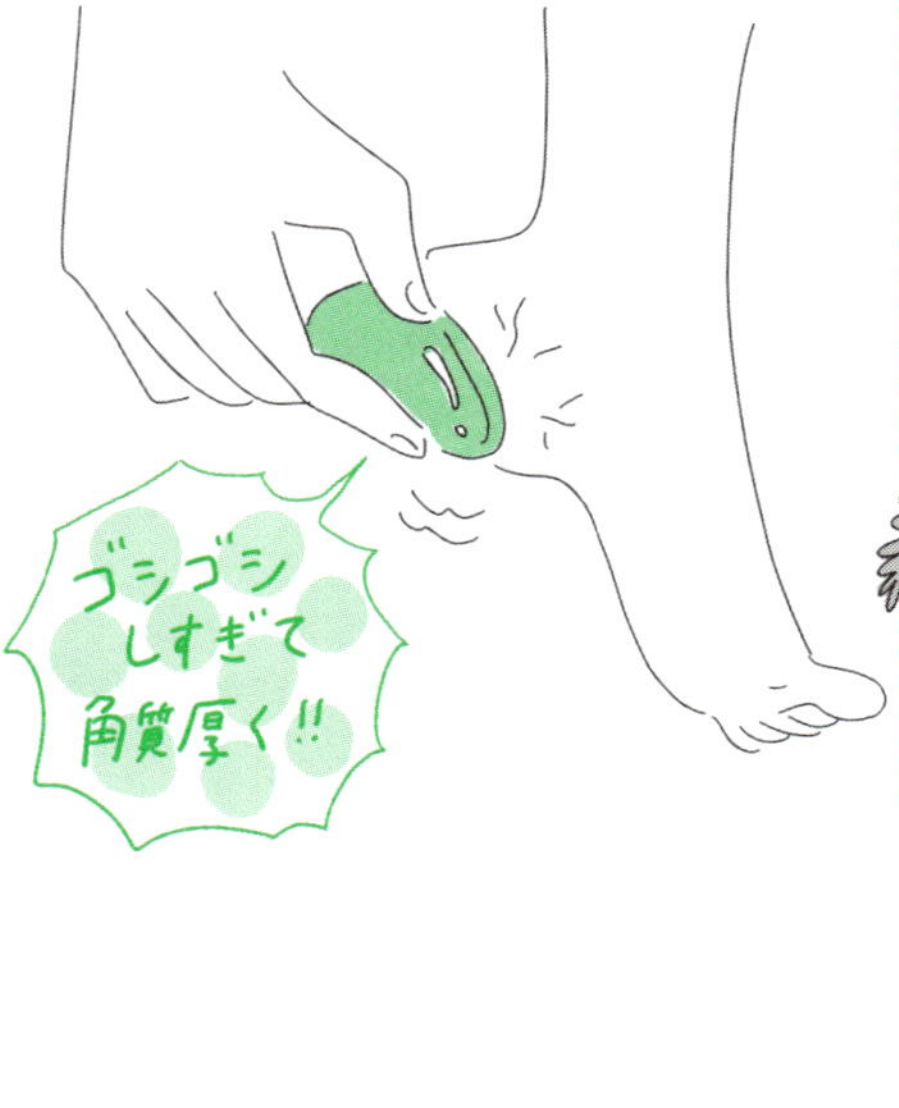

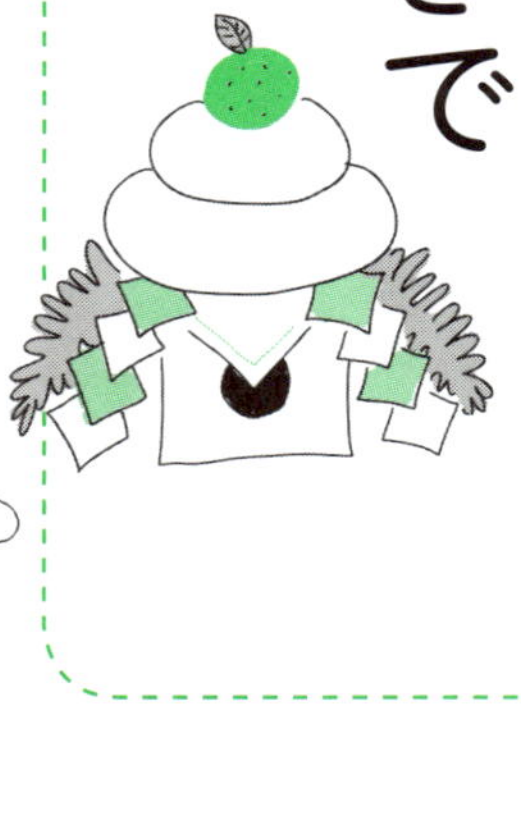

起きています。体重が重いと、より厚くなりやすいといわれています。

かかとに軽石ややすりなどを使う場合、不要な部分だけ少し削るのはいいのですが、**たいていの人は削りすぎてしまいます**。すると、削る摩擦に加え、歩くとき足を守るものがなくなるので、より早く角層が再生してしまうのです。

軽石を使うのは10日〜2週間に1回程度、削るのも少しだけにして、それ以外の日はたとえガサガサしていても保湿クリームを塗るだけにしましょう。しっかり**保湿することで、不要な角化を抑えることができます**。

これが正解

軽石ややすりは2週間に1回で十分。それ以外の日はしっかり保湿して軟らかく。

やってはいけない

23

ランニングで老け加速

胸は垂れるし、顔も体もたるむ

美容と健康のために運動をするのはとてもよいことなのですが、ランニングはあまりおすすめできません。**老化を加速させる要素が揃っている**からです。

最も大きな要素は、紫外線。働く女子の間で〝朝ラン〟がはやったときもありましたが、紫外線が強い時間帯に、汗をかいて日焼け止めが流れるような状況で何十分も外にいるのは、**シミやくすみ、たるみの原因**になります。さらに、たるみに追い打ちをかけるのが走ることによる振動。バストの重さを支えている網目状の組織**「クーパー靭帯」は、振動によって伸びてしまい、一度伸びると戻らない**といわれます（バストが大きいと、振動に重さが加わってよりたるみやすいです）。顔や体の弾力線維も振動によってダメージを受けるので、紫外線ダメージとのダブルパンチでたるみが加速します。

そして、ランニングは有酸素運動なので、**体内で活性酸素が増えて老化が加速**し、体内のさまざまな炎症にもつながります。その割に、消費するエネルギーは思ったほど多くありません。やせるために運動をするなら、筋トレをして基礎代謝を上げることで日々の活動で消費するエネルギーを増やした上で、階段を使う、ひと駅歩くなどの工夫をした方が効率がいいでしょう。

がんばってるのに〜

どうしても走りたいなら、室内か夜に

走ることの爽快感が日々のストレス解消になるという場合は、続けても構いませんが、**スポーツジムのランニングマシンを使いましょう**。マシンの方が振動で体にかかる負担が少なく、紫外線の影響も受けないので安心です。どうしても外を走りたいなら、**紫外線の影響がない夜に**。

これが正解

走ることは美容にちっともよくありません。筋トレして基礎代謝を上げる方がやせます。

やってはいけない

24

ダイエット目的の喫煙で老婆顔

タバコの美容に対する弊害は、数え切れない

私が思う、**美容のために最も「やってはいけない」習慣、それが喫煙**です。

女性誌の記事などでは、今の時代女性の喫煙者は建前上「いない」こととなり、タバコの害について触れられることもあまりなくなりましたが、実際にはまだ一定数存在します。２０１８年に日本たばこ産業（ＪＴ）が調査した「全

国たばこ喫煙者率調査」によると、**成人女性の平均喫煙者率は8・7%**。ピーク時（1966年）より減っているものの、ほぼ横ばいという状況だそうです。タバコを吸うと間食が減るのでダイエットになると、軽い気持ちで始めてしまう人が多いようです。

タバコは、あらゆる面で

美容に弊害をもたらします。最もわかりやすいのが血行不良です。タバコに含まれるニコチンには末梢の毛細血管を収縮させる働きがあるため、タバコを吸うと**肌に栄養が届かなくなります。**また、タバコの燃焼物による酸化ストレスで**コラーゲンの分解が進みます。**酸化ストレスをリセットすべくビタミンCが大量消費されてしまうので、肌のために使われるぶんが不足してしまいます。さらに、タバコの煙の粒子が肌表面に触れるだけでも、皮膚の炎症が進みます。結果、エイジングが加速して、**シワやくすみの目立つ老婆顔になってしまうのです。**

まだまだあります。ニコチンの着色によって歯が黄色くなり、血行不良や色素沈着で歯茎が黒くもなります。さらに、肌の潤いや厚みを支える女性ホルモン（エストロゲン）の分泌を抑える作用があるので、**閉経後のようにカサカサ**

とした肌になってしまうばかりか、妊娠にも悪影響を及ぼします。

気づいたそのときから、やめる努力を

若いうちは多少肌がカサカサしていてもやせている方がいいと思うかもしれませんが、30代、40代と年を重ねたときに気づいても、肌の時間を巻き戻すのは難しくなります。梅干しのようにしぼみ、歯茎のくすんだ老後を迎えたくないと思うなら、**できる限り早くタバコとは縁を切りましょう。**

これが正解

美容にも健康にも悪いことしかないタバコ。取り返しがつかなくなる前に縁を切って。

やってはいけない

25

ブラジリアンワックスで毛嚢炎《もうのうえん》

脱毛後、菌が繁殖して毛穴のトラブルに

最近は日本でも、デリケートゾーンの毛の処理をする方が増えました。レーザーによる永久脱毛に抵抗がある方や、手軽な脱毛を望む方に人気があるのが「ブラジリアンワックス」。温めたワックスを毛の部分に塗り、固まったところで毛と一緒に一気に剥がして脱毛するものです。

このワックス脱毛による、デリケートゾーンのトラブルが増えています。最も多いのが、**脱毛した毛穴に菌が繁殖し、膿がたまって起こる「毛嚢炎」**。ぱっと見は白いニキビのようですが、炎症を起こしているので、周辺が赤く腫れています。軽度の毛嚢炎は痛みがなく、触らず清潔を保てば1週間程度で治るのですが、炎症が毛穴の深い部分にわたると膿も大きくなり、痛みやかゆみを伴って、痕にもなりがちです。この場合も**決し**

て触ったりせず、**清潔を保って、自然に膿がつぶれて治るのを待つ**のがポイントです。ひどい場合は皮膚科で抗菌薬を処方してもらいましょう。

他に多いトラブルが「**埋没毛**《まいぼつもう》」です。ワックスで毛を引きちぎるように抜いてしまうことで、毛根部が残り、毛穴が塞がって肌の内側から出られなくなってしまったもの。毛をピンセットなどで無理やり掘り起こして引っ張り出すと、**皮膚に傷がつき、毛嚢炎を発症しやすくなります**。角質ケアローションなどで毛穴の詰まりを優しく取り去って、毛の頭が見えたら皮膚に傷をつけないよう、清潔なピンセットでそっとつまみ出すようにしましょう。

毛の処理を繰り返すなら、思い切ってレーザー脱毛を

雑菌が繁殖しやすいデリケートゾーンの脱毛は、毛嚢炎や埋没毛といったト

ラブルを繰り返しやすく、色素沈着（黒ずみ）につながります。また、抜毛を繰り返すと毛穴が鶏肉の皮のようにプツプツと目立ちやすくなります。**毛の処理を習慣にするのなら、やはり医療レーザー脱毛を受けるのがベター**です。完全に処理しなくても、3回受ければ毛の量がかなり減ってふわっとしたうぶ毛のように。5〜6回でほぼなくなります。レーザー脱毛は医療行為です。美容サロンでの脱毛は火傷《やけど》などのトラブルが多いので、皮膚科専門医のいる医療機関で受けるようにしましょう。

これが正解

ブラジリアンワックスは肌トラブルのもと。続けるなら医療レーザー脱毛という選択を。

やってはいけない

26

布ナプキンでむしろ肌あれ

使い捨てナプキンが体に悪いというのは、うそ

「デリケートゾーンから化学物質を経皮吸収して子宮にたまるから、使い捨ての生理用ナプキンはやめて布ナプキンを使うべきだ」という説が、根強くあるようです。「子宮はシャンプーのにおいがする」という話も……！ どちらもまことしやかに聞こえるのですが、**医学的にはまったく根拠のないことです。**

あそこが痒いんだけど・・・
BIO
ワイン

子宮に異物がたまることは、構造上ありえない

デリケートゾーンの皮膚は、口や鼻の穴の中と同じ「粘膜」です。顔や体の皮膚に比べると確かに経皮吸収率は高いのですが、使い捨てのナプキンに含まれているのは、経血をたっぷり吸収するための〝高分子〟の吸収体。**分子が大きいので、そもそも粘膜から吸収されることはありえません。**「化学繊維の成分や香料などが吸収される」と思う方もいらっしゃるかもしれませんが、基本的に経皮吸収されるのはナノカプセル処理された物質だけ。粘膜だからといってむやみになんでも吸収するわけではないのです。たとえなんらかの物質が吸収されて子宮に届いたとしても、毎月の**月経のたびに子宮の壁は剥がれて新しく生まれ変わるので、何かが蓄積するとは考えにくい**です。

逆に布ナプキンの方が、不用意に使うと危険がいっぱい。**経血を吸うと湿ったままなので、数時間取り替えないだけでも肌あれの原因になります。赤ちゃんのおむつかぶれと同じこと**です。生理の期間中、毎日湿った布ナプキンをつけ続けていたら、どんなに肌が丈夫でも肌あれを起こす可能性大です。

どうしても布ナプキンを使いたい場合は、量が多い日は使い捨てのものにして、量が少なくナプキンが湿りにくい数日間だけに。または、湿ったと感じたタイミングを逃さずこまめに取り替えましょう。

これが正解

使い捨てナプキンが体に悪いという根拠はありません。湿った布ナプキンの方が悪です。

やってはいけない

27

貧血放置で薄毛が加速

貧血によって酸素が不足すると、髪に悪影響が

108ページでお伝えしましたが、健康な髪が生えるためにはいくつかの条件があります。直接的に重要なのは、毛のもとになる毛包幹細胞があること、それに悪玉男性ホルモンのジヒドロテストステロンが過剰分泌されていないことですが、次に重要なのが、髪を作るのに必要な材料があること。つまりは**酸**

素や栄養が毛根にきちんと届いていることです。

赤血球の中にあるタンパク質の「ヘモグロビン」は、酸素を運ぶ役割を担っています。ヘモグロビンが不足して、**体内の酸素が不足してしまうことを貧血といいます**。その原因はいくつかありますが、ヘモグロビンを構成する鉄が不足している場合が多く、これを「**鉄欠乏性貧血**」といいます（他には、ビタミンB_{12}不足で起こる悪性貧血、赤血球の寿命が短くなる溶血性貧血、骨髄の造血能力が落ちる再生不良性貧血、病気や怪我による大量出血などがあります）。

バランスのいい食事で鉄分をしっかりとること

貧血になって酸素が不足すると、髪は全体的に細く、コシがなくなりがちです。そして、女性には自分では気づいていない〝隠れ鉄欠乏性貧血〟の方がとても多いのです。それなのに、髪が細くなったからといって育毛剤をつけたり、頭皮マッサージをしたり、ヘッドスパに通ったりしても、**根本の原因が解消されていないので大した効果は期待できません**。

まずは、食事で体内の鉄をしっかり増やすことが大切です。鉄分を含む食材は、各種レバー、カツオ、マグロ、イワシ、あさり、ほうれん草、ひじき、卵、大豆など。肉や魚、貝類に含まれる「ヘム鉄」は体内への吸収率が高く、植物性食品や卵、乳製品に含まれる「非ヘム鉄」はタンパク質やビタミンCを多く含む食品と一緒に摂取することで、体内への吸収率がアップします。いろいろな食品を組み合わせ、バランスよく食べることが何より大切です。

これが正解

貧血のまま頭皮ケアをしても、あまり意味なし。まずは食事で鉄分をしっかりとりましょう。

やってはいけない

28

猫背で二重あご悪化

悪い姿勢は、全身の印象も顔の印象も悪くする

デスクワークの弊害か、猫背で首を突き出して歩いている女性をよく見かけます。それだけでも老けた印象を与えてしまいますが、悪い姿勢はさらに顔のたるみや首のシワなど、**顔の老化にも影響するのです。**

猫背であごを突き出していると、下あごと首の皮膚が伸びた状態になります。日々続ければ弾力線維が伸び、**あごを引いたとき皮膚がだぶつく状態**、いわゆる二重あごになってしまうのです。最近は若くてやせているのに二重あごという女性をよく見かけますが、姿勢の悪さが影響しているのかもしれません。

他に、いつも**あごを引いてスマホを見ていると、首のシワが定着**してしまうというのもあります。パソコンやタブレット、スマホが手放せない方は、意識して猫背をやめ、スマホを見るときは目の高さを意識しましょう。

これが正解

二重あごも首のシワも、姿勢さえ直せば改善するかも。今すぐ、意識を変えましょう。

やってはいけない

29

心や表情のクセで怪優顔が定着

表情グセで、顔つきまで変わってしまう

眉頭に力を入れ神妙な顔つきで歩いている人を見ると「この人怒っている？　機嫌悪い？」と気になってしまいます。怒ったり他人の意見に異を唱えたりするときは、自然と眉にクイッと力が入ってしまうもの。

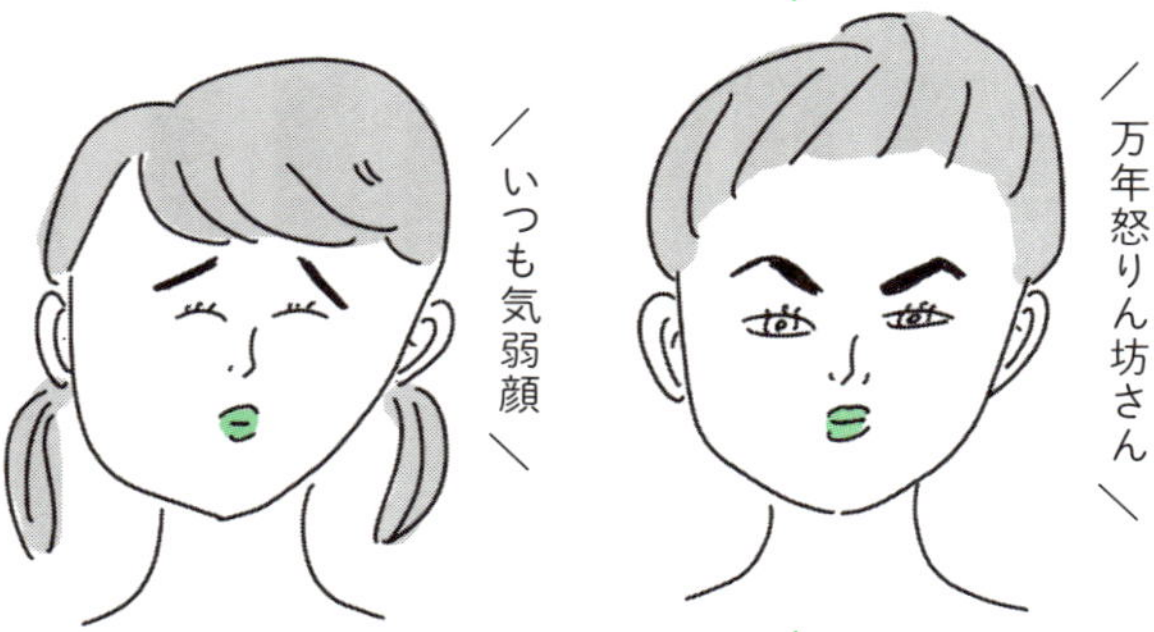

逆に眉が下がってハの字型になっている人は、困っているようだったり、気弱そうに見えたり。単なるその一瞬の表情であればいいのですが、内面的にもそのような気質をもち、常々顔に出ているなら要注意。**長年の表情グセで筋肉が発達し、その顔が定着してしまう**こともあるからです。悪役やいい人役に欠かせない、**熟年俳優の顔にあるシワの刻まれ具合や表情の作り方**をみれば、わかりますよね。私たちは個性派俳優でも怪優でもないので、表情グセ、ひいては、心のあり方にも気をつけたいものです。

解決策

心のもちようは顔に表れ、定着します。怒りん坊や気弱顔にならぬよう、注意して。

やってはいけない
30

怪優顔①

片側ピクッは皮肉のサイン!?
シニカル顔

あなたの会社に、「いや、そうではなくて……」「まあ結局○○なんでしょ」などと皮肉っぽい発言をする人、いませんか？　素直でない、というか。そういう人が作る表情のひとつに**“片側ピクリ”**があります。片方の目や唇をちょっと上げる、そんな表情。政治家の方にも見られる顔つきです。

もし、片方の唇を上げるクセが

あったり、笑っても片目しか上がらないのならば、**意識して反対側も動かすようにしましょう**。心当たりがないという方も、スマホで通話をするとき、鏡やショーウィンドウの前で話しながら、自分の表情をチェックして。〝片側ピクリ〟だけでなく、まさか私が……という予想もつかなかった表情グセが判明するかもしれませんよ。

怪優顔②

「でも」多発。梅干しあごの
不満顔

上司や先輩から指示を出されたとき「まずはやってみます」と答える人は伸びていきますが、「今日は作業がパンパンで」「でもこれって私の仕事ですかね」などと不満を言う人は、結局何も身につかず、自分の可能性を狭めているといえます。表立って言えなくても、内輪の飲み会が上司や会社、姑などの不満大会になっていたり、**他**

不満顔

人と自分を比較してばかりいたり。そういうときって口角を下げて口をとがらせる表情になりがち。あごに梅干しができたりも。**続けていると不満顔が定着、マリオネットライン（口角の下のシワ）もくっきり**していいことはありません。

〝人は人、自分は自分〟という考え方を身につけると、心がラクになって口元も美しくなりますよ。

怪優顔③

家でも会社でも我慢の女
侍女子顔

「でも」多発の不満ばかりいう女子（P138）とは対照的に、ぐっとこらえてしまういい子ちゃんを、私は〝**侍女子**〟と呼んでいます。仕事もプライベートも頑張る現代女性に、とても多いのです。

仕事でトラブルがあったら「私がいけなかったんだ」、仕事と家庭の両立も「自分が無理すればなんとかなる」、たとえ彼に奥さん

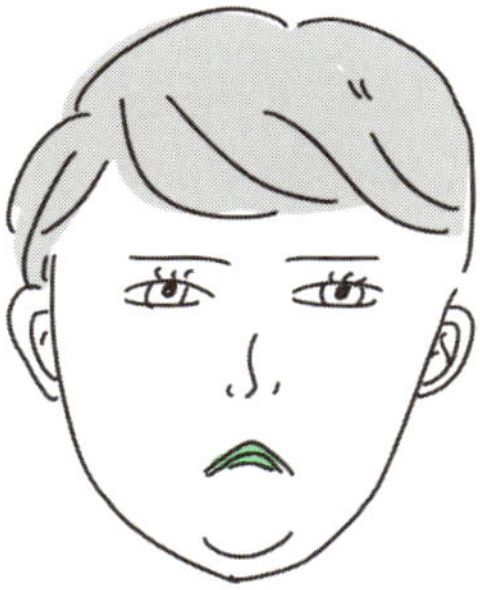

侍女子顔

がいても「いつか別れてくれるはず」。なんでも**自分で抱え込み、ひたすら、我慢強すぎ**。続けていると口角を下げてぐっとあごを引き、下方向に力を入れる表情が定着し、たるみや二重あごが悪化してしまいます。抱え込むのは体にもよくないので、少し心を解放してあげて。**〝お気楽女子〟になるくらいで、ちょうどいい**んですよ。

やってはいけない

33

怪優顔④

歯ぎしり、食いしばりで
ガマガエル顔

侍女子顔（P140）と併発しやすい顔つき。これは表情による影響ではなく、**歯ぎしりや食いしばりを続けることでエラの筋肉が発達**してしまい、ホームベース形にゆがんでしまった顔のことです。

歯ぎしりや食いしばりって意外と自分では気づかないものですが、**多忙な方、ストレスを感じやすい方に非常に多いです**。必死で仕事

ガマガエル顔

のメールの返信をしているときに歯を食いしばって呼吸が浅くなっていたり、夜中に歯ぎしりをしていたり。エラが発達して大顔になるだけでなく、歯がすり減ってヒビが入ることもあるので要注意。日中は忙しいときほど意識して食いしばりをやめ、夜中の歯ぎしりはボトックス注射や歯科のマウスピースなどで対応を。

COLUMN 03

眉間のシワ　ほうれい線　唇のしぼみ　etc.

肌悩みには〝美容医療〟という選択

②注入系による治療

年を重ねると、真皮層の弾力線維が衰え、さらに皮下組織のボリューム減少や下垂なども起きて、肌にしぼみやたるみが発生します。長年の表情によってシワが刻まれたり、表情グセによるゆがみも現れたりします。こういったエイジングによる顔の形状変化に対応するのが、ボトックスやヒアルロン酸、ＰＲＰ（多《た》血《けつ》小《しょう》板《ばん》血《けっ》漿《しょう》）といった注入系治療です。Ｐ75でご紹介したウルセラやサーマクールも形状変化に対応するものですが、注入はピンポイントに場所を狙って行うものなので、「このシワ」「ここの凹み」といった悩みに高い効果を得ることができます。

表情ジワには、筋肉を緩めるボツリヌス菌製剤を用いるボトックス注射や、シワの凹み部分にボリュームを与えるヒアルロン酸注入がおすすめ。自身の血液の血小板を濃縮して注入し、シワ部分の皮膚の再生を促すＰＲＰ注入も効果的です。ほうれい線、たるみによる目の下や頬の下の凹み、輪郭のガタつきには、ヒアルロン酸注入が効果を発揮します。他に、真皮層に薬剤を注入してツヤとハリをもたらす「水光注射」なども、最近はとても人気があります。

いずれも、注入なので内出血のリスクは避けられないのと、治療によってはダウンタイムが生じますので、信頼できる皮膚科医に相談して治療を受けてください。

おわりに

冷静に考えれば怪しいとすぐわかることに躍起になったり、大枚をはたいたり。女性はなぜ、ときに滑稽なほど美を追求するのでしょうか？　美の定義は曖昧ですが、少女のみずみずしい肌やふっくらした頬は誰の目にも心地よく、幸せになるものです。

少し前に、イギリスの社会学者、キャサリン・ハキム氏の著書『エロティック・キャピタル』が話題となりました。財力、才能や教養、人脈という人間のもつ3大資産に加え、見た目のよさは〝第4の資産〟（エロティック・キャピタル）であると主張するものです。服装や言葉遣い、立ち居振る舞い、そしてもちろんプロポーションや顔立ちの美しさ……。魅力的な人は、才能を磨くチャンスや人脈を得やすく、結果として、生涯年収が高くなるともいわれています。

美容皮膚科を専門とする私ですが、小児期からアトピー性皮膚炎に悩み、思春期は湿疹で顔が真っ赤でした。高校生になるとニキビも混ざり、肌を見られるのが嫌で、常にうつむいて歩いていた時期も。当時の写真はほぼありません。さらに勉強と油絵に没頭するぽっちゃり体型という、我ながら〝エロティック・キャピタル〟はゼロに近いといえる状態でした。

皮膚病や肌老化は、内臓疾患と異なり目に見えてしまいます。一般的には軽視されがちな〝見た目〟が損なわれると、QOL（クオリティ・オブ・ライフ＝生活の質）が著しく低下し、自信をなくし、社会活動への意欲まで失われてしまうことを、自分自身の経験や診療を通して実感してきました。近年、医療界でも重視されつつあるのが、〝BeautyQOL〟です。鏡を通して「満足できる自分」を確認すると、自己評価が上がり、気分が上向きになります。ニキビなどの肌トラブルやシミ、シワ、たるみのような老化症状を美容医療で改善させると、患者さまの笑顔が増え、こちらまでうれしくなります。女性が精神的に自立し、自信をもってはつらつと生きるために、肌育《はだいく》や美肌治療というアプローチで微力ながら奉仕し、励まし、寄り添うこと。それが、私の人生における幸せの根源かもしれません。

若さはそれだけで価値あるものですが、大人にはそれを補う、経験と教養があります。ただし、大人の美しさを保つのに欠かせない、食事などの生活習慣、スキンケア・ヘアケア・ボディケアといったお手入れには、情報の取捨選択が欠かせません。皮膚科学、栄養学、運動生理学などの正しい知識があれば、おのずとするべきこと、すべきではないことを選別できるでしょう。

小さなクリニックという場所で、診察できる患者さまの数は限られています。私の皮膚科専門医としての知識と美容医療の現場における経験が、雑誌やＷｅｂなどさまざまな媒体を通して、女性の幸せに少しでも役に立つことができればうれしい。そのような気持ちで情報発信をしてきました。今回、機会をいただいてその一部を書籍にまとめることができ、幸せに思っています。

成熟世代の美は知性に裏づけされ、心を映すもののような気がします。本書が、見た目と中身を充実させ、第４の資産を高める一助となるなら、これ以上の喜びはありません。

令和元年６月　慶田朋子

［参考文献］

◎慶田朋子：「肌の正しい洗浄方法」、『Bella Pelle』、2016年1巻2号、メディカルレビュー社、P26-27

◎慶田朋子：「メイクアップの目的と手順」、『皮膚科の臨床』、2014年56巻臨時増刊号、金原出版、P1598-1614

◎上出康二：「毛包閉塞と角化異常：毛包はなぜつまる？」、『にきび最前線』（宮地良樹・編）、2006年、メディカルレビュー社、P32-35

◎慶田朋子：『365日のスキンケア』、2015年、池田書店

◎宮地良樹、松永佳世子、古川福実ほか：『美容皮膚科学』、2009年、南山堂

◎向井秀樹：「垢こすり・泡立ちタオルによる皮膚障害」、『スキンケア最前線』（宮地良樹・編）、2008年、メディカルレビュー社、P96-97

◎松倉節子、佐野遥、相原道子：「ティーツリーオイルによるアレルギー性接触皮膚炎」、『皮膚病診療』、2017年39巻7号、協和企画、P707-710

◎井上梨紗子ほか：「アロマオイルの誤用で生じた接触皮膚炎」、『Journal of Environmental Dermatology and Cutaneous Allergology』、2012年6巻4号、日本皮膚アレルギー・接触皮膚炎学会、P373-376

◎佐藤英明：「シワのメカニズム②表情ジワ」、『Bella Pelle』、2017年2巻2号、メディカルレビュー社、P20-23

◎宮地良樹、松永佳世子、宇津木龍一：『しわ・たるみを取る―患者の満足度を高める治療法のすべて』、2006年、南江堂

◎古山登隆、中北信昭：「美容皮膚科のための顔面解剖学」、『WHAT'S NEW in 皮膚科学2016-2017』、2016年、メディカルレビュー社、P168-169

◎古山登隆：「顔面の解剖学　脂肪とligament」、『Bella Pelle』、2017年2巻1号、メディカルレビュー社、P38-39

◎Ralf J. Radlanski, Karl H. Wesker:『グラフィックス フェイス臨床解剖図譜』、2013年、クインテッセンス出版
◎船坂陽子:「シミの診断とメカニズム」、『Bella Pelle』、2017年2巻2号、メディカルレビュー社、P16-19
◎A.Rivkin, W.J.Binder:「Long-Term Effects of OnabotulinumtoxinA on Facial Lines: A 19-Year Experience of Identical Twins」、『Journal of the American Society for Dermatologic Surgery』2015年41巻、American Society for Dermatologic Surgery、P64-66
◎関東裕美:「まつ毛ケア」、『皮膚科の臨床』、2014年56巻臨時増刊号、金原出版、P1616-1617
◎森田明理:「環境因子とシワ」、『日本香粧品学会誌』、2013年37巻1号、日本香粧品学会、P6-10
◎錦織千佳子:「光線(赤外線・可視光線・紫外線)による皮膚障害」、『日本皮膚科学会雑誌』、2010年120巻2号、日本皮膚科学会、P201-206
◎小川文秀、佐藤伸一:「酸化ストレスと皮膚―光老化から全身性強皮症まで」、『日本臨床免疫学会会誌』、2006年29巻6号、日本臨床免疫学会、P349-358
◎須賀康、植木理恵、川島眞、浜中聡子:「女性に多い脱毛症の診療」、『Bella Pelle』、2018年3巻3号、メディカルレビュー社、P6-14
◎板見智:「ヘアサイクル―毛包の発生より理解する」、『Bella Pelle』、2018年3巻2号、メディカルレビュー社、P20-23
◎Montagna W:「毛包、毛とその成長」、『毛の医学』、1987年、文光堂、P15-39
◎大山学:「毛の発育に関する因子はどこまでわかっていますか?」、『皮膚科の臨床』、2011年53巻臨時増刊号、金原出版、P1490-1494
◎小林美和:「痤瘡を悪化させる生活習慣」、『Bella Pelle』、2018年3巻1号、メディカルレビュー社、P18-22

［クリニック紹介］

最新の美容医療テクニックを駆使して肌のトラブルを改善し、見た目年齢マイナス7歳を図り〝Beauty QOL〟を高めることを目標にしています。メスを使わず、マシンや注入による美肌治療とボディケアが人気です。大学病院で経験を積んだ医師や看護師が揃い、安心・安全な医療の徹底はもちろん、心のケアや治療後のアフターケアも重視しています。

銀座ケイスキンクリニック

東京都中央区銀座1-3-3 G-1ビル5・6F
TEL.03-6228-8020
診療時間11:00〜19:00（日・祝 休）
www.ks-skin.com
Instagram ks_skin_clinic

慶田朋子 Tomoko Keida

日本皮膚科学会認定皮膚科専門医
日本レーザー医学会認定レーザー専門医
日本美容皮膚科学会会員
日本抗加齢医学会会員

1974年生まれ。医学博士。
銀座ケイスキンクリニック院長。
1999年、東京女子医科大学医学部卒業、同皮膚科学教室に入局。
2006年、有楽町西武ケイスキンクリニック開設。
2011年、現クリニック開設。
最新医療機器と、注入治療をオーダーメイドで組み合わせ
「切らないハッピーリバースエイジング®」を叶える
美容皮膚科として患者からの信頼を得ている。
豊富な知識とわかりやすい説明で、
TV、雑誌、WEBなど多方面で活躍中。
プライベートでは2児の母。
著書に『365日のスキンケア』(池田書店)。
Instagram @tomoko_keida

実は老化を加速！

女医が教える、やってはいけない美容法33

2019年 6 月30日　初版第1刷発行
2019年11月 6 日　　　第3刷発行

著者　慶田朋子
発行人　小澤洋美
発行所　株式会社　小学館
〒101-8001
東京都千代田区一ツ橋2-3-1
電話（編集）03-3230-5192
（販売）03-5281-3555
印刷所　凸版印刷株式会社
製本所　株式会社 若林製本工場

イラスト　黒猫まな子
取材・文　大塚真里
デザイン　スズキのデザイン
撮影　野地康之（カバー、帯）

制作　遠山礼子・星一枝
販売　小菅さやか
宣伝　野中千織
編集　益田史子
校閲　小学館出版クォリティーセンター・
小学館クリエイティブ

©Tomoko Keida 2019　Printed in Japan
ISBN978-4-09-310884-3

造本には十分注意しておりますが、印刷、製本など製造上の不備がございましたら
「制作局コールセンター」（フリーダイヤル0120-336-340）にご連絡ください。
（電話受付は土・日・祝休日を除く9:30〜17:30）
本書の無断での複写（コピー）、上演、放送等の
二次利用、翻案等は、著作権法上の例外を除き禁じられています。
本書の電子データ化などの無断複製は著作権法上の例外を除き禁じられています。
代行業者等の第三者による本書の電子的複製も認められておりません。